为历史服务的哲学

——《〈黑格尔法哲学批判〉导言》义释

刘 伟 闫永飞 | 著

中国出版集团有限公司
研究出版社

图书在版编目 (CIP) 数据

为历史服务的哲学：《〈黑格尔法哲学批判〉导言》
义释 / 刘伟, 闫永飞著. -- 北京 : 研究出版社,
2024.10

ISBN 978-7-5199-1658-9

Ⅰ.①为… Ⅱ.①刘… ②闫… Ⅲ.①黑格尔(
Hegel, Georg Wilhelm Friedrich 1770–1831) – 法哲学 –
研究 Ⅳ.①B516.35②D903

中国国家版本馆CIP数据核字(2024)第063940号

出 品 人：陈建军
出版统筹：丁　波
责任编辑：寇颖丹

为历史服务的哲学

WEI LISHI FUWU DE ZHEXUE

《〈黑格尔法哲学批判〉导言》义释

刘　伟　闫永飞　著

研究出版社 出版发行

（100006　北京市东城区灯市口大街100号华腾商务楼）

北京新华印刷有限公司印刷　新华书店经销
2024年10月第1版　2024年10月第1次印刷
开本：710毫米×1000毫米　1/16　印张：15.25
字数：190千字
ISBN 978-7-5199-1658-9　定价：58.00元
电话（010）64217619　64217652（发行部）

总　序

　　习近平总书记在纪念马克思诞辰200周年大会上的重要讲话中指出："共产党人要把读马克思主义经典、悟马克思主义原理当作一种生活习惯、当作一种精神追求，用经典涵养正气、淬炼思想、升华境界、指导实践。"马克思主义经典著作集中体现了马克思主义的基本原理，是马克思主义理论的本源和基础。因此，对于每一个中国共产党人而言，马克思主义经典著作的学习和研读，既是必要的，也是必需的，因为它是"掌握群众"从而使"思想力量"转化为"物质力量"的重要途径。

　　马克思主义经典著作包含着经典作家所汲取的人类探索真理的丰富思想成果，体现着经典作家攀登科学理论高峰的矢志追求和艰辛历程。马克思主义经典著作的学习是中国共产党人的看家本领，每一个党员同志都要在这上面下一番真功夫。如果一个共产党人不认真"读原著、学原文"，就无法"悟原理"，其政治站位和共产主义信仰也就必定是值得怀疑的。我们在马克思主义学院工作和学习，马克思主义理论是我们的专业，共产主义是我们的信仰，我们更要坐下来、沉下心、钻进去，原原本本地学、全面系统地学、深入思考地学、联系实际地学、逐字逐句地学。

经典之所以为经典，是因为它历经了时间和实践的双重考验。它博大精深，历久弥新，常读常新。但是，经典著作的思想奥义又往往会让很多人望而却步，因为它的语言经常是佶屈聱牙的，思想经常是晦涩难懂的，逻辑经常是复杂抽象的。同时，经典著作经常蕴含着巨大丰厚的历史感，经典作家的思想脉络总是与当时的社会实践和历史发展之间保持着一定的张力。因此，如果不深入下去，了解其写作的历史背景、解决的思想困惑和面临的实践难题，就不可能正确深入地理解它。比如，马克思、恩格斯批判黑格尔、费尔巴哈、鲍威尔、施蒂纳和西斯蒙第等，但是，我们首先得弄懂他们所批判的对象所处的历史语境和思想观点，否则，我们闭门造车，研究了半天，很可能会后知后觉地发现，我们只是在自说自话，可能连经典作家所批判的对象的思想高度都没有达到。

习近平总书记在庆祝中国共产党成立100周年大会上的重要讲话中指出："中国共产党为什么能，中国特色社会主义为什么好，归根到底是因为马克思主义行！"深化经典著作的研究与阐释，推进经典著作的宣传与普及，我们马克思主义理论工作者责无旁贷、义不容辞。本套"马克思恩格斯经典义释丛书"，我们将先后分批对马克思恩格斯的经典著作（《路德维希·费尔巴哈和德国古典哲学的终结》《共产党宣言》《哥达纲领批判》和《社会主义从空想到科学的发展》等）逐段进行义释和解读，将短句读长，将长句读短，将薄书读厚，将厚书读薄。具体而言，将薄书读厚，是一个探根求源、学深悟透和穷根究底的过程，是一个"钻进去"的过程。而将厚书读薄，则是一个提炼蒸馏、淬炼升华和抓住根本的过程，是一个"走出来"的过程。我们写作本套丛书的初衷是，先将书读"厚"，再将书读"薄"，在这个"一进一出""一厚一薄"的辩证过程中，深化对马克思主义理论的理解，筑牢马克思主义理论的功底，领悟马克思主义理论的魅力。在扎实彻底的理论基础之上，以更宽广的视野、更长远的眼光，更奋发的姿态，回答中国特色社会主义实践探索中提出的新问题和时代发展中面临的新课题。

奋进新征程，建功新时代。衷心希望中国共产党人继续矢志不渝地践行初心、担当使命、牢记嘱托，不负党和人民的殷切期望，赓续谱写彪炳史册的壮丽新篇章！

刘　伟

目　录

背景介绍

马克思从来都不是革命的旁观者，而是革命的发起者、参与者和推动者。马克思博士毕业之后，1842年成为《莱茵报》的撰稿人和主编。《莱茵报》是德国自由主义思想论说的一个重要平台，马克思在这个平台上发表了很多文章，如针对第六届莱茵省议会关于出版自由的辩论和关于林木盗窃法的辩论的著名评论文章，以及与莱茵省总督沙培尔论战的文章《摩塞尔记者的辩护》等。马克思公开地为"政治上、社会上备受压迫的贫苦群众"进行辩护。因这份报纸逐渐表现出革命民主主义的倾向，1843年4月《莱茵报》被查封。

1844年2月，马克思和卢格在巴黎创办了《德法年鉴》，这是德国"第一个社会主义的刊物"。如果说《莱茵报》的政治特征是革命民主主义的话，那么《德法年鉴》的政治特征则有着共产主义的意味。1843年9月，马克思在写给卢格的信中阐明了《德法年鉴》的方针，他指出："这样，我们就能用一句话来表明我们杂志的方针：对当代的斗争和愿望作出当代的自我阐明（批判的哲学）。这是既为了世界，也为了我们的工作。这种工作只能是联合起来的力量的事业。问题在于忏悔，而不是别的。人类要洗清自己的罪过，就只有说出这些罪过的真相。"① 如果说《莱茵报》是一个被敌人所攻克的碉堡的话，那么《德法年鉴》就是马克思建立的另外一个更加坚固的碉堡。从这座碉堡甲射向敌人的炮火要更猛烈。恩格斯积极肯定了《德法年鉴》创办的意义，他指出："目前在德国开展更广泛的社会鼓动该是多么好的时机，创办

---

① 《马克思恩格斯全集》（第1卷），人民出版社1956年版，第418页。

一种主张彻底改造社会的定期刊物会得到怎样的反应。这样的定期刊物已经在巴黎创办，名为'德法年鉴'，它的编辑卢格博士和马克思博士以及其他一些撰稿人都是德国的'共产主义者'；支持他们的还有法国最杰出的社会主义作家。要选择一个比目前更有利的时机来出版这样一种每月一期、既登法文文章又登德文文章的刊物，无疑是很困难的；就在创刊号出版以前，它的成就已经是肯定的了。"①

马克思在《德法年鉴》上发表的文章有《〈黑格尔法哲学批判〉导言》和《论犹太人问题》（列宁高度评价这两篇文章，说它们是"马克思的特别优秀的著作"，而且将这两篇文章视为马克思思想彻底转变的重要标志。也有人将这两篇文章看作姊妹篇，甚至还有人将之喻为马克思早期思想的两只深邃的"眼睛"）。恩格斯的《政治经济学批判大纲》和《英国状况》也发表在《德法年鉴》上。海涅也曾在《德法年鉴》上发表过诗歌，如长诗《德国，一个冬天的童话》。此外，海尔维格和赫斯也对《德法年鉴》给予了很大的支持。但是，好景不长，由于《德法年鉴》表现出了极强的革命性，有很多刚开始答应为之撰稿的作者都纷纷封笔退缩，如费尔巴哈、卡贝、蒲鲁东等。

由于马克思和卢格的分歧（比如文章是否过分追求辞藻华丽和警句风格；在生活风格问题上卢格有着强烈的清教徒色彩，而马克思并不是；马克思对德国革命充满希望，充满了乐观主义精神，但是卢格却对德国革命充满着失望的情绪），以及经济的原因，《德法年鉴》只发表了一期便停刊。之后马克思与卢格也逐渐走向决裂，导致他们决裂的最主要的原因是马克思接受了共产主义，而卢格则对共产主义非常陌生，

---

① 《马克思恩格斯全集》（第1卷），人民出版社1956年版，第595页。

后者更倾向于民主改革。1843年的"德法年鉴"时期，是马克思从黑格尔的思辨哲学转向费尔巴哈唯物主义哲学的时期，阿尔都塞甚至将之称为马克思思想进程中的"费尔巴哈派"阶段。

1843年夏天马克思于莱茵省的克罗茨纳赫撰写了《黑格尔法哲学批判》，因此，人们又习惯地称之为"克罗茨纳赫手稿"。这部手稿共39张，没有标题，现有的标题是1927年全联盟共产党（布尔什维克）中央马克思列宁主义研究院发表这一手稿时添加上的。在这部手稿中，马克思用唯物主义观点对黑格尔的《法哲学原理》中第261—313节阐述"国家问题"的部分作了全面分析，特别是对黑格尔在国家和市民社会关系问题上的唯心主义观点进行了深刻的批判。在马克思看来，不是国家决定市民社会，而是市民社会决定国家。随后马克思离开德国前往巴黎。马克思在巴黎考察了法国的工人运动，研究了当时进步思想界的政治思想。

1843年10—12月，马克思撰写了《〈黑格尔法哲学批判〉导言》（以下有的地方简称《导言》）。在15年后的《〈政治经济学批判〉序言》中，马克思回忆总结了他写《导言》的原因："为了解决使我苦恼的疑问，我写的第一部著作是对黑格尔法哲学的批判性的分析，这部著作的导言曾发表在1844年巴黎出版的《德法年鉴》上。我的研究得出这样一个结果：法的关系正像国家的形式一样，既不能从它们本身来理解，也不能从所谓人类精神的一般发展来理解，相反，它们根源于物质的生活关系，这种物质的生活关系的总和，黑格尔按照18世纪的英国人和法国人的先例，概括为'市民社会'，而对市民社会的解剖应该到政治经济学中去寻求。我在巴黎开始研究政治经济学，后来因基佐先生下令驱逐而移居布鲁塞尔，在那里继续进行研究。"①

马克思在这篇文章中的写作风格比较文学化，用了大量的互文、隐喻、排比等修辞手法，因此，《导言》是一部既有着文学性、哲学性，又有着战斗性、批判性的檄文。卢格当年是这样评价马克思的这篇导言的："这篇文章的警句过于矫揉造作，章法混乱，而又过视雕琢。但文章有一种有时把辩证法运用的过火的批判的天才。"为什么马克思早年的作品都比较偏文学化？因为马克思年轻时就崇拜歌德那样的大文豪，他还与海涅是忘年交（海涅比马克思大20岁），因此，马克思在早年的写作当中，无论从思想上还是从语文的写作手法上都有文学化的影子，这都是可以想象的。

粗略地说，《导言》的内容包括以下几个方面：第一，对德国宗教及其世俗基础进行批判（第1段至第7段）。这一部分是整篇文章的铺垫，马克思阐述了他的观点与立场，认为反宗教就是反对当时的社会现实，将批判由宗教的意识领域转向了社会的现实领域。其中，在批判的路向上存在一个从鲍威尔、施特劳斯到费尔巴哈，再到马克思的转移过程。第二，阐释了德国历史的特殊性（第8段至第27段）。其中，前半部分（第8段至第21段）是对德国制度展开的批判，后半部分（第22段至第27段）主要对德国的法哲学和国家哲学展开批判。马克思从一种宏大的对比性视域中审视了这一时期德国历史的发展，并对其进行定位。第三，主要阐释了德国的革命和无产阶级的历史使命问题（第28段至第49段）。马克思在《导言》中认为，在完成了对宗教的批判以后，就应当集中批判德国的社会制度。而要批判德国的社会制度，就要首先批判

---

① 《马克思恩格斯全集》（第2卷），人民出版社2009年版，第591页。

黑格尔的国家哲学和法哲学。德国的社会革命不仅需要彻底的革命理论，还需要革命的物质基础，"批判的武器"和"武器的批判"都是非常重要的。因此，马克思第一次提出了无产阶级历史使命的思想。写作这部《导言》的时候，马克思年仅25岁。

需要指出的是，《〈黑格尔法哲学批判〉导言》是马克思去法国考察之后创作的作品，他受到法国工人运动和共产主义的影响很大。从名称上来看，《〈黑格尔法哲学批判〉导言》是作为《黑格尔法哲学批判》的一篇导言，但前者要比后者更加知名、更加出彩（中文版的《马克思恩格斯文集》《马克思恩格斯选集》都将之作为开篇之作）。但从内容上来讲，两者的关系并不是很大。相反，《〈黑格尔法哲学批判〉导言》与同一时期发表在《德法年鉴》上的《论犹太人问题》倒是有着某些关联性。

《〈黑格尔法哲学批判〉导言》与《论犹太人问题》作为姊妹篇发表在了《德法年鉴》上。列宁认为，这两篇文章表明，马克思已作为一个革命家出现。麦克莱伦在他的《马克思传》中也将《〈黑格尔法哲学批判〉导言》与1848年的《共产党宣言》相提并论，他指出："导言用一种反映马克思不同发展阶段的方式顺序排列了主题：宗教的，哲学的，政治的，革命的。总体讲来，导言形成了宣言，其敏锐性和独断性使人想起1848年的《共产党宣言》。"[①]笔者非常认同麦克莱伦对《导言》的评价。《导言》更像是一篇摘要性的著作，句子都非常简短，但是每一个简短句子的背后都是有意指的，也都是承载着历史的。笔者曾在《革命的火种》一书的"后记"中写道："《资本论》是易读的，

---

① ［英］戴维·麦克莱伦：《马克思传》，王珍译，中国人民大学出版社2006年版，第93页。

《共产党宣言》却很难读。但凡是认真读过一遍《资本论》的人，对书中观点的理解大致相差不会太远，而仅仅只是读过《共产党宣言》，那就好比盲人摸象，不同的人对同样的文本有着完全不同甚至截然相反的理解。我们用尽全力去阐释《宣言》，或许抓住的也只是大象的鼻子而已。"①对《共产党宣言》的解读是这样的，对《导言》的解读又何尝不是这样。实事求是地讲，与中后期的著作不同，马克思在这一时期经常会为了追求文章形式的华丽性而牺牲了内容的精确性。因此，对《导言》的解读和义释是非常考验一个人的学术水平和学术功底的，这是由《导言》表面的易读性和实际的难读性决定的。《导言》既可以被浅读，也可以被深读。浅读者读到的只是一个文本，几个命题，而深读者如麦克莱伦读到的却可能是马克思早年所构思的他一生所要执行的革命计划。

1850年，《导言》的法译文以节选的形式收入海·艾韦贝克的著作《从最新的德国哲学看什么是宗教》；1887年，《导言》的俄文版在日内瓦出版；1890年12月2—10日，《柏林人民报》再次发表了这篇《导言》。《导言》的中译文最早发表在1935年上海辛垦书店出版的《黑格尔哲学批判》一书中，译者是柳若水。

此外，在阅读这篇《导言》之前，我们还需要首先对当时的德国历史背景有一个简单的了解。马克思写这篇《导言》的时间是1843年10—12月。在这一时期，德国与欧洲其他"现代国家"的发展形成了鲜明的对比，英国早已完成了工业革命，而法国则完成了政治革命（霍布斯鲍姆将之称为"革命的年代"），但无论在经济上还是在政治上，德国都

---

① 刘伟、闫永飞：《革命的火种——〈共产党宣言〉义释》，研究出版社2023年版，第203页。

远远落后于英法两国。德国国内封建割据长期存在，资本主义工业远比英法两国落后，其主要形式还是分散的手工工场，它们还没有完全过渡到资本主义社会。据资料统计，在德国，"1837年蒸汽机由1826年的五十八台发展到三百二十八台，1844年棉织品和生铁产量比1836年大约提高了百分之五十……但就全国来说，除莱茵河地区外，仍然是一个封建的农业国"。虽然有局部的资本主义经济的发展，比如马克思所在的莱茵省因受法国大革命的影响，经济上比较发达，政治上比较开明，但当时整个德国的封建割据依旧存在，在德国东部特别是以普鲁士王国为首的旧地主军阀还占有压倒性势力。直至1834年以普鲁士王国为首的各邦国为扫除相互之间的贸易障碍而结成了同盟，即德意志关税同盟，才逐渐为资本主义经济的发展铺平了道路。彼时的英国早已经完成了资产阶级革命，不仅推翻了封建统治，还在1689年颁布文献《权利法案》以法律形式对王权进行明确制约，确立了议会君主立宪制。英国完成了资本的原始积累。而法国于1789年爆发了大革命，统治法国多个世纪的波旁王朝及其统治下的君主制土崩瓦解。在大革命中，旧的观念逐渐被全新的天赋人权、三权分立等民主思想所取代。马克思的好朋友海涅曾这样自嘲：英国拥有海洋，法国拥有陆地，而德国只有"思想的天空"！海涅所谓的"思想的天空"主要指的是德国古典哲学。

尽管当时德国的资本主义发展是滞后的，但是德国古典哲学的发展却是超前的。在18、19世纪，德国相继出现了康德、费希特、谢林、黑格尔和费尔巴哈等伟大的思想家，也出现了歌德、海涅等大文豪，此外，还有贝多芬、莫扎特和克劳塞维茨等天才。这是一个神仙打架的时代，也是一个群星璀璨的时代，更是一个争奇斗艳的时代。有人称这是欧洲的第三次文艺复兴，也有人称这是一个用脑袋立地的时代。但无论如何，这都是一个思想远远超越了现实脚步的时代。马克思在《导言》中亦有这样的表述："我们是当代的哲学同时代人，而不是当代的历史同时代人。"恩格斯也曾指出："在法国发生政治革命的同时，德国发生了哲学革命。这个革命是由康德开始的。他推翻了前世纪末欧洲各大学所采用的陈旧的莱布尼茨的形而上学体系。费希特和谢林开始了哲学的改造工作，黑格尔完成了新的体系。"[①]在1890年10月27日写给康·施米特的信中，恩格斯还表达了这种观点，即经济上落后的国家在哲学上仍然能够演奏第一小提琴。马克思的这篇《导言》就是在这样一个背景下写就的。

---

① 《马克思恩格斯全集》（第1卷），人民出版社1956年版，第588页。

正文部分

就德国来说，对宗教的批判基本上已经结束；而对宗教的批判是其他一切批判的前提。

【义释】《导言》的开头两句话，是马克思所作的两个极简概括。前半句话是一种历史性的概括，而后半句话则是一种理论性的概括。

黑格尔是德国唯心主义哲学运动的顶峰。尤其是在19世纪早中期，黑格尔几乎是一个教科书式的权威。[①]同时，黑格尔哲学也成为神学的最后的避难所。按照黑格尔的看法，宗教和哲学只有形式上的差别，但在本质上则是一致的。1831年黑格尔去世之后，青年黑格尔派开始对宗教进行批判。在没有蜕变为"自由人"小组之前，青年黑格尔派的宗教批判曾一度掀起了当时德国思想进步的狂飙。黑格尔哲学是由三个因素组成的，分别是斯宾诺莎的实体、费希特的自我意识，以及以上两者的统一，即绝对精神。实际上，施特劳斯是从黑格尔思想中的斯宾诺莎主义出发的，而鲍威尔则是从黑格尔思想中的费希特因素出发的。相应地，就宗教批判而言，施特劳斯是从"客观的精神实体"的视角批判宗

---

① R.海姆在《黑格尔和他的时代》的"前言"中这样评价："那时全部学术都从黑格尔的智慧的丰盛餐桌上得到营养；那时一切学科都为哲学学科服务，目的不外是想从绝对者领域的最高监督以及著名的辩证法的无所不通的威力那里给自己弄到一些东西；那时任何一个人，如果他不是黑格尔的信徒，他就必定是一个野蛮人、一个愚人、一个落后的和可鄙的经验主义者；那时人们都认为，国家本身之所以在很大程度上感到安全和巩固，正是由于黑格尔老人已经论证了它的合理性……我们必须回想那个时代，才能理解一种哲学体系的统治和盛行究竟意味着什么。"（［德］洛维特：《韦伯与马克思以及黑格尔与哲学的扬弃》，刘心舟译，南京大学出版社2019年版，第247—248页。）

教的，而鲍威尔则是从"自我意识"的视角批判宗教的。[①]

1835年，大卫·施特劳斯在图宾根出版了他的《耶稣传》，这拉开了宗教批判的序幕。施特劳斯是站在客观唯心主义立场上第一个在德国起来批判宗教的人。施特劳斯认为，《圣经》中的故事只不过是原始基督教团体在无意识中形成的一些神话和传说。《圣经》中那些所谓的违背科学规律的奇迹也都是虚构出来的，耶稣身上的那些奇迹也都是虚构的，是人们的共同意识的表现。耶稣是时代精神和民族精神借以表达自身的一个象征。实际上，施特劳斯是从考据学的视角重新考察了《圣经》，某种意义上，这种创新性的考察已经相当于否定了《圣经》和耶稣的神圣性。

布鲁诺·鲍威尔在《复类福音作者的福音史考察》（1841—1842年）中认为，福音书是其作者的有意识的虚构，是作者的自我意识的产物。鲍威尔所秉持的是一种激进的无神论立场。同时，他还认为："历史是自我意识的'变易和发展'，基督教曾经是自我意识发展的形式，而现在却成了它发展的桎梏，因而需要更高的理性即自由原则取而代之。当宗教意识上升到自我意识这种自由境界时，便达到了无神论。"[②]

除了施特劳斯和鲍威尔之外，1842年施蒂纳出版了《艺术与宗教》，卢格于1842年出版了《黑格尔法哲学与我们时代的政治》等著

[①] 在笔者看来，鲍威尔对黑格尔哲学"自我意识"的强调，从而逐渐走向主观唯心主义也并不奇怪，黑格尔的文本中也确实存在这样的解读空间。如黑格尔的"实体即主体"。当然可以将"主体"理解为"人"。"人"是自因的，并不是他因的，人是一切事物所从出的"始基"。但是，人作为世界原因的过程又并非一蹴而就的，而是一个辩证发展的过程。因为探讨的主题不同，笔者将专门另辟篇章进行讨论。

[②] 陈先达、靳辉明：《马克思早期思想研究》，北京出版社1983年版，第148页。

作，他们也都是这场宗教批判狂飙运动中的积极分子。

在《路德维希·费尔巴哈和德国古典哲学的终结》中，恩格斯是这样总结这段历史的："政治在当时是一个荆棘丛生的领域，所以主要的斗争就转为反宗教的斗争；这一斗争，特别是从1840年起，间接地也是政治斗争。1835年出版的施特劳斯的《耶稣传》成了第一个推动力。后来，布鲁诺·鲍威尔反对该书中所阐述的福音神话发生说，证明许多福音故事都是作者自己虚构的。两人之间的争论是在'自我意识'对'实体'的斗争这一哲学幌子下进行的。神奇的福音故事是在宗教团体内部通过不自觉的、传统的创作神话的途径形成的呢，还是福音书作者自己虚构的——这个问题竟扩展为这样一个问题：在世界历史中起决定作用的力量是'实体'呢，还是'自我意识'。"[1]

早年，鲍威尔是马克思思想上的"导师"。马克思的博士论文《德谟克利特的自然哲学和伊壁鸠鲁的自然哲学的差别》（以下简称博士论文）就是站在"自我意识"和"自由意志"的立场上的哲学批判。马克思正是在鲍威尔的鼓励下才决定写作他的博士论文的，他还遵从了鲍威尔的建议，最终把博士论文寄交到耶拿大学，并在耶拿大学取得了博士学位。"德法年鉴"时期，鲍威尔对马克思思想的影响依旧很大。麦克莱伦曾指出：马克思在《〈黑格尔法哲学批判〉导言》中的"头两页概述其宗教观念的地方所使用的几乎全部比喻都是从鲍威尔那里借用来的，鲍威尔这时仍然是他在这个领域中的最重要的典范"。比如，马克思那句我们耳熟能详的名言——"宗教是人民的鸦片"，也并非马克思的原创，而是引用的鲍威尔的说法。此外，"撕碎锁链上那些虚幻的花

---

[1] 《马克思恩格斯文集》（第4卷），人民出版社2009年版，第271页。

朵"等也来自鲍威尔。

无论是施特劳斯还是鲍威尔等，都在瞄着宗教这个"靶子"打，但在马克思看来，尽管他们都很用力，但是他们并没有打准。因为宗教只是问题的表现，并不是问题的本质。换句话说，尽管施特劳斯、鲍威尔和施蒂纳等都在批判宗教，但是，他们仍然处于黑格尔的思辨哲学所制定的游戏规则（用库恩的话来讲就是"范式"）之中，因此，从本质上讲，他们仍然还是宗教的立场。尽管施特劳斯和鲍威尔有分歧，但这种分歧是青年黑格尔左派内部之间的分歧，并没有因为他们的分歧而改变问题的性质。[①]对此，恩格斯还指出："施特劳斯、鲍威尔、施蒂纳、费尔巴哈，就他们没有离开哲学的立足地这一点来说，都是黑格尔哲学的支脉。施特劳斯写了《耶稣传》和《教义学》以后，只从事于写作勒南式的哲学和教会诗的美文学作品；鲍威尔只是在基督教起源史方面做了一些事情，虽然他在这里所做的也是一些重要的事情；施蒂纳甚至在巴枯宁把他同蒲鲁东混合起来并且把这个混合物命名为'无政府主义'以后，依然是个宝贝；唯有费尔巴哈是个杰出的哲学家。"[②]

恩格斯为什么讲"唯有费尔巴哈是个杰出的哲学家"？因为与施特劳斯和鲍威尔不同，费尔巴哈是从自然主义和人本主义的立场出发对宗教进行批判的，费尔巴哈认为，"思辨哲学的本质不是别的东西，只是理性化了的、实在化了的、现实化了的上帝的本质。思辨哲学是真实的，彻底的，理性的神学"[③]。黑格尔哲学是宗教哲学的最后一根理性

[①] 与法国人不同，德国哲学家喜欢就同一主题接续性地研究。从康德、费希特、谢林到黑格尔的德国古典哲学，乃至到青年黑格尔派无不如此。尽管他们的研究方向略有差异，但大都处于同一个坐标系之中。费尔巴哈算一个"终结"，他的唯物主义是从一种新的范式对哲学的探索。

[②] 《马克思恩格斯文集》（第4卷），人民出版社2009年版，第296页。

[③] 《费尔巴哈哲学著作选》（上卷），三联书店出版社1959年版，第123页。

支柱，"黑格尔的逻辑学，是理性化和现代化了的神学，是化为逻辑学的神学。神学的神圣实体是一切实在性、亦即一切规定性、一切有限性的理想总体或抽象总体，逻辑学也是如此。世界上的一切事物可以在神学的天国里再现，自然中的一切事物也可以在神圣的逻辑学的天国里再现：例如质，量，度量。本质，化学作用，机械精造，有机体"①，因此，无论是站在黑格尔的立场上，还是站在施特劳斯和鲍威尔的立场上，都意味着仍旧没有走出宗教神学束围。费尔巴哈采用的是一种釜底抽薪的方式，他推倒了黑格尔以及鲍威尔和施特劳斯的游戏规则，用一种新的范式（从现实的自然和现实的人出发）去批判宗教。费尔巴哈已经从神本学转向了人本学的批判立场上。费尔巴哈指出："新哲学将人连同作为人的基础的自然当作哲学唯一的，普遍的，最高的对象。"他还补充说："观察自然，观察人吧！在这里你们可以看到哲学的秘密。"②后来，恩格斯甚至以"路德维希·费尔巴哈和德国古典哲学的终结"为标题来表达费尔巴哈对于终结旧哲学和创立新哲学的意义。

1831年，费尔巴哈匿名发表了题为《论死与不死》的文章，他以抽象的形式表达了自然界是人的前提的思想，批判了宗教神学所谓超自然的无限延续的人格，即灵魂不死说。这种在当时看起来非正统的观点如泥牛入海，并没有激起多少涟漪。1839年费尔巴哈出版《黑格尔哲学批判》，两年后，即1841年出版《基督教的本质》。在《基督教的本质》中，费尔巴哈已经从人本学唯物主义的立场出发，阐明了宗教神学的秘密，分析批判了基督教及神学，批驳了黑格尔思辨哲学关于基督教的错

①　《费尔巴哈哲学著作选》（上卷），三联书店出版社1959年版，第103页。
②　陈先达、靳辉明：《马克思早期思想研究》，北京出版社1983年版，第123页。

误观点。

我们在这里摘引一些费尔巴哈在《基督教的本质》中的表述，相信读者可以从这些表述中体会到费尔巴哈的人本学转向：

"信仰彼世，就意味着相信主观性摆脱了自然之限制；也就是说，对彼世的信仰，就是对人格性之永恒性与无限性的信仰，并且，并不是指处于类概念——它不断在更加新的个体中得到展开——之中的人格性，而是就是指这些已经生存着的个体之人格性；从而，它也就是对自在的人的信仰。可是，对天国的信仰是跟对上帝的信仰相一致的——二者的内容相同——，上帝乃是纯粹的、绝对的、摆脱了一切自然界限的人格性：他原本就是属人的个体所仅仅应当是的、将要是的。所以，对上帝的信仰，就是人对他自己的本质之无限性及真理性的信仰。属神的本质就是属人的本质，并且，是处于其绝对的自由与无限性之中的主观地属人的本质。……人是宗教的始端，人是宗教的中心点，人是宗教的尽头。"①

"上帝不外就是人的本质，只是，已经净除一切在属人的个体看来——不管是在感情中还是在思维中——似乎是界限、祸患的东西。同样，彼世也不外就是今世，只是，已经摆脱了一切看来似乎是界限、祸患的东西。个体越是明确地认识到界限之束缚与祸患之危害，他就越是明确地知晓使这些界限去除掉的那个彼世。彼世乃是感情、表象，使个体借着这个而设想摆脱今世一切有伤他的自我感、生存的界限。"②

"宗教——至少是基督教——，就是人对自身的关系，或者，说得

---

① 《费尔巴哈哲学著作选集》（下），商务印书馆1984年版，第221—222页。
② 《费尔巴哈哲学著作选集》（下），商务印书馆1984年版，第218页。

更确切一些，就是人对自己的本质的关系，不过他是把自己的本质当作一个另外的本质来对待的。属神的本质不是别的，正就是属人的本质，或者，说得更好一些，正就是人的本质，而这个本质，突破了个体的、现实的、属肉体的人的局限，被对象化为一个另外的、不同于它的、独自的本质，并作为这样的本质而受到仰望和敬拜。因而，属神的本质之一切规定，都是属人的本质之规定。"①

此外，费尔巴哈还对宗教的产生做了一种类似于弗洛伊德心理学式的发生学分析，他指出：

"当我们说宗教——上帝的意识——就是人的自我意识时，并不是说信宗教的人会直接意识到他的关于上帝的意识乃是他自己的本质之自我意识；因为，宗教所固有的本质正是以缺乏这种意识为基础。为了免除这种误解起见，最好还是这样说：宗教是人最初的、并且间接的自我意识。所以，无论在什么地方，宗教总是走在哲学前面；在人类历史中是这样，在个人的历史中也是这样。人先把自己的本质移到自身之外，然后再在自身之中找到它。最初，他自己的本质是作为另外的本质而成为他的对象的。宗教是人类童年时的本质；儿童是在自身之外看到自己的本质——人——的；在童年时，人是作为另一个人而成为自己的对象的。所以，各种宗教的历史进展，就在于逐渐懂得以前被当作是某种客观物的东西其实乃是主观物，在于逐渐认识到以前被当作上帝来仰望和敬拜的东西其实乃是某种属人的东西。……人将自己对象化了，却没有

① 《费尔巴哈哲学著作选集》（下），商务印书馆1984年版，第39页。

认识到那对象就是他自己的本质。"①

　　恩格斯还对费尔巴哈宗教批判路线的转向给予了高度评价,他在《路德维希·费尔巴哈和德国古典哲学的终结》一文中回忆起《基督教的本质》出版之后对自己的影响时总结说:"费尔巴哈的《基督教的本质》出版了。它直截了当地使唯物主义重新登上王座,这就一下子消除了这个矛盾。自然界是不依赖任何哲学而存在的;它是我们人类(本身就是自然界的产物)赖以生长的基础;在自然界和人以外不存在任何东西,我们的宗教幻想所创造出来的那些最高存在物只是我们自己的本质的虚幻反映。魔法被破除了;'体系'被炸开并被抛在一旁了,矛盾既然仅仅是存在于想象之中,也就解决了。——这部书的解放作用,只有亲身体验过的人才能想象得到。那时大家都很兴奋:我们一时都成为费尔巴哈派了。"②

　　总之,与施特劳斯和鲍威尔不同,费尔巴哈已经突破了黑格尔的体系,站在唯物主义的立场看待宗教。从革命性上来看,费尔巴哈已经比施特劳斯和鲍威尔等更往前推进了一步。"由于费尔巴哈揭露了宗教世界是世俗世界的幻想(世俗世界在费尔巴哈那里仍然不过是些词句),在德国理论面前就自然而然产生了一个费尔巴哈所没有回答的问题:人们是怎样把这些幻想'塞进自己的头脑'的?这个问题甚至为德国理论家开辟了通向唯物主义世界观的道路。"③费尔巴哈的这种宗教批判的范式转向成为后来马克思从历史唯物主义的立场批判宗教的逻

① 《费尔巴哈哲学著作选集》(下),商务印书馆1984年版,第38—39页。
② 《马克思恩格斯文集》(第4卷),人民出版社2009年版,第275页。
③ 《马克思恩格斯全集》(第3卷),人民出版社1960年版,第261页。

辑起点。

此外，读者需要注意马克思在《导言》文本中的措辞，即"就德国来说，对宗教的批判基本上已经结束"。马克思为什么用的是"基本上已经结束"，而不是直接用"结束"？（英文版里的表述是：For Germany, the criticism of religion has been essentially completed, and the criticism of religion is the prerequisite of all criticism.）正如前面我们所言，在马克思看来，鲍威尔和施特劳斯只是瞄准了宗教这个靶子去打，但殊不知，宗教只是压迫的表现和结果，因此他们俩的立场仍然是神学的。一种彻底的、完全的、积极的宗教批判一定不是这样的。换句话说，施特劳斯和鲍威尔的宗教批判只是在缘木求鱼，他们走错了方向。施特劳斯和鲍威尔没有走对的路，费尔巴哈继续往前走。费尔巴哈不仅从唯物主义的立场出发批判了宗教，也批判了黑格尔的思辨哲学，他认为思辨哲学仍然是宗教的思辨表达。费尔巴哈将神学体系从"无时间性"的"大全"真理拉到"人本学"的位置上。同时，费尔巴哈还将宗教的产生追溯到了它的自然原因上。但对马克思来讲，费尔巴哈的宗教批判仅仅是一个重要节点，因为较之于施特劳斯和鲍威尔，费尔巴哈已经走出了神学的立场和黑格尔思辨哲学的立场，站到了唯物主义的立场上，这当然是一个哥白尼式的转向。但是费尔巴哈的批判仍然"不是对宗教批判的任务的完成"，费尔巴哈的屁股虽然坐对方向了，但是他的批判依旧不够彻底，批判还可以更进一步、更加彻底。

马克思于1843年3月13日写给卢格的信中这样评析费尔巴哈："他强调自然过多而强调政治太少。然而这是现代哲学能够借以成为真理的唯一联盟。"也就是说，费尔巴哈更多地将宗教产生的原因溯源到自然，而不是社会和政治，这当然是不彻底的。正如后来马克思所反复强调的，"上帝的本质虽然是人的本质的异化，但是，人并不是无根的，人是栖身于现代世界当中的人，栖身于现代世界当中的人信仰抽象的上帝，那么问题一定出在他栖身的现代世界当中"。同时，费尔巴哈反对宗教并不是为了消灭宗教而是为了革新宗教，为了创造出一种新的、"高尚的"宗教。对此，艾伦·伍德指出："同黑格尔一样，费尔巴哈认为异化根本上是一种虚假意识形式，一种关于人的本质的错误观念。因此，他也认为克服异化主要是一种理论上的胜利，是真的类意识对虚假意识的胜利。对他而言，令人满意的人类生活的主要要求是人们应当正确地理解并确证他们作为类存在的本质，本质上无拘无束并注定热爱同他人的联合。因此，马克思认为费尔巴哈同其他青年黑格尔派持一样的主张，即一旦人们放弃他们关于自身的宗教幻觉，并逐渐被关于人类生活应当是什么的真正合理的理想所激活，那么他们宗教幻觉的不幸社会影响将自行消逝，并且一个真正的人的社会将自然地产生，取代旧的异化的社会。"①

1845年，马克思在回忆起黑格尔思辨哲学以及宗教哲学被瓦解的这段历史时总结指出："正如德意志意识形态家们所宣告的，德国在最近几年里经历了一次空前的变革。从施特劳斯开始的黑格尔体系的解体过程发展为一种席卷一切'过去的力量'的世界性骚动。在普遍的混乱中，一些强大的王国产生了，又匆匆消逝了，瞬息之间出现了许多英雄，但是马上又因为出现了更勇敢更强悍的对手而销声匿迹。这是一次革命，法国革命同它相比只不过是儿戏；这是一次世界斗争，狄亚多希的斗争在它面前简直微不足道。一些原则为另一些原则所代替，一些思

① ［美］艾伦·伍德：《卡尔·马克思》，张晓萌、杨学功、任劭婷译，中国人民大学出版社2023年版，第11页。

想勇士为另一些思想勇士所歼灭，其速度之快是前所未闻的。在1842—1845年这三年中间，在德国进行的清洗比过去三个世纪都要彻底得多。据说这一切都是在纯粹的思想领域中发生的。"[①]如果说施特劳斯和鲍威尔等完成了第一阶段的对宗教的批判，费尔巴哈则基本完成了对宗教的第二阶段的批判。那么接下来，马克思要做的就是将前两个阶段所做批判的矛头转向现实，进而彻底完成对宗教的批判。

从马克思的自身逻辑来看，他的宗教批判也并不是一蹴而就的，如果说《黑格尔法哲学批判》是站在费尔巴哈的立场上进行的宗教批判，那么《导言》中则已经开始尝试超越费尔巴哈的立场，但是，从文本上来看，马克思对费尔巴哈的批判还表现得战战兢兢，并不那么自信。直至《关于费尔巴哈的提纲》时期，马克思已经彻底地完成了对费尔巴哈的宗教批判的历史唯物主义超越。在《关于费尔巴哈的提纲》中，马克思指出："费尔巴哈是从宗教上的自我异化，从世界被二重化为宗教的、想象的世界和现实世界这一事实出发的。他做的工作是把宗教世界归结于它的世俗基础。他没有注意到，在做完这一工作之后，主要的事情还没有做。因为，世俗基础使自己从自身中分离出去，并在云霄中固定为一个独立王国，这一事实，只能用这个世俗基础的自我分裂和自我矛盾来说明。因此，对于这个世俗基础本身首先应当从它的矛盾中去理解，然后用消除矛盾的方法在实践中使之发生革命。"[②]马克思将宗教批判彻底化，他将批判的靶点直指宗教产生的社会根源，也就是人生活在其中的现实世界。

"对宗教的批判是其他一切批判的前提"，与前半句话所做的历史

---

① 《马克思恩格斯文集》（第1卷），人民出版社2009年版，第512—513页。

② 《马克思恩格斯选集》（第1卷），人民出版社2012年版，第138页。

性概括不同，后半句话是一种理论性的概括，同时也点明了宗教批判的原因。为什么对宗教的批判是其他一切批判的前提？因为"政治在当时是一个荆棘丛生的领域，所以主要的斗争就转为反宗教的斗争；这一斗争，特别是从1840年起，间接地也是政治斗争"①。此外，还因为宗教异化是一种最为基础的异化，从原始社会的拜物教一直到资本主义社会的拜物教无一不充斥着这种异化。同时，宗教（天主教和新教）在当时仍然是普鲁士政权的精神支柱，也是维护其专制统治的辩护工具，在宗教这层神圣光环的加持下，普鲁士政权似乎更加具有合法性。这已经严重阻碍了德国社会发展的进程，虽然后来俾斯麦领导了一场针对天主教的"文化斗争"，但新教的地位依旧是稳固的，直到今天依然如此。而且在黑格尔那里，他对宗教所采取的完全是一种妥协的态度。在黑格尔看来，哲学和宗教只是形式上有差别，但本质上是一致的。因此，首先必须推倒宗教的思想基础，使宗教祛魅化、去神圣化。宗教批判并不是批判的全部，也不是最重要的方面，而是前提和出发点。②

在马克思看来，在宗教批判基本结束之后，接下来的任务就是要对产生宗教的现实以及建立在这种现实基础上的政治批判和社会批判。正如马克思在后文中所指出的："真理的彼岸世界消逝以后，历史的任务就是确立此岸世界的真理。人的自我异化的神圣形象被揭穿以后，揭露具有非神圣形象的自我异化，就成了为历史服务的哲学的迫切任务。于是，对天国的批判变成对尘世的批判，对宗教的批判变成对法的批判，

---

① 《马克思恩格斯选集》（第4卷），人民出版社2012年版，第227页。

② 在1843年9月致卢格的信中，马克思也指出："我们还希望影响我们同时代的人，而且是影响我们同时代的德国人。问题在于，这该怎么着手呢？有两个事实是不容否认的。首先是宗教，其次是政治，二者是目前德国主要关注的对象。不管这两个对象怎样，我们应当把它们作为出发点。"

对神学的批判变成对政治的批判。"①也就是说，马克思认为宗教是异化的极端形式和任何世俗化过程的起点，这给他提供了对其他异化形式批判的样本。将神推翻以后的世界仍然并不是一个平等的世界，尽管这个过程是人的主体性逐渐觉醒的过程，也是人逐渐掌握权力的过程，这些权力都掌握在了资产阶级手中，他们在取得权力之后，用另一种东西代替了宗教，那就是商品拜物教。正如洛维特所言："随着他们的活动扩大为世界历史性活动，越来越受到异己力量的支配，即受到资本的支配，或者更确切地说，受到资本主义生产方式的支配；资本主义生产方式在现代世界所扮演的角色，就如同古代的命运一样。这种决定命运的力量变得越来越强大了，人们无法摆脱它。"②洛维特还指出："对宗教的真正唯物主义的批判，既不在于纯粹地抛弃它（鲍威尔），也不在于简单地把它人本化（费尔巴哈），而在于积极地要求创造剥夺宗教的来源和影响力的事态。唯有对现存社会的实际批判才能接替对宗教的批判。由于传统的宗教批判向唯物主义的宗教批判的转变，无神论的内涵也就跟着发生了变化。对于马克思来说，它不再是一个神学问题，也就是说，不再是反对异教和基督教的诸神的斗争，而是一种反对尘世偶像的斗争。但是，资本主义世界最突出的偶像就是商品的'物神品性'，它是通过把有用的生产资料转换为客体化了的事物、把具体的使用价值转换为抽象的交换价值而产生的。通过这一转换，人，即商品的制造者，就成了他自己的生产的产品。'就像在宗教中，人受他自己的头脑的产品支配一样，在资本主义生产中，人受他自己的手的产品支配。'所有产品的商品形式都是必须批判和改造的新偶像。此外，现代世界仅

---

① 《马克思恩格斯选集》（第1卷），人民出版社2012年版，第2页。

② ［德］洛维特：《世界历史与救赎历史》，李秋零、田薇译，商务印书馆2016年版，第44页。

仅在表面上是完全世俗的。由于它自己的各种发明，它又成为迷信的。'直到现在人们都认为，罗马帝国时代之所以可能创造基督教神话，仅仅是由于没有发明印刷术。恰恰相反，顷刻之间就可以把自己的发明传遍全世界的报刊和电讯，在一天当中所制造的神话……比以前一个世纪之内所能制造的还要多'。因此，仅仅和费尔巴哈一样把神学和宗教归结为'人的本质'是不够的，人们必须注意，新的偶像和新的迷信的产生，并通过对现实的，即对历史的—物质的关系的不断翻新的批判来使它们不可能出现。"①

"对宗教的批判是其他一切批判的前提"的理论概括与青年黑格尔派形成了鲜明的对比，后者的根本错误就是将一切问题都归结为宗教和观念问题，相应地也将解决问题的方法归结为宗教批判和观念批判。正如在《德意志意识形态》中马克思所指出的，从施特劳斯到施蒂纳的整个德国哲学批判都局限于对宗教观念的批判，一切占统治地位的关系逐渐地都被宣布为宗教的关系，他们主要通过以宗教观念代替一切或者宣布一切都是神学上的东西来批判一切。

除了费尔巴哈和马克思以外，尼采在《偶像的黄昏》《敌基督者》《权力意志》等著作中，对基督教等也进行了尖锐的批判，但他的批判的基点是"生命意志"，这与费尔巴哈和马克思是不同的，但也有某种

---

① ［德］洛维特：《世界历史与救赎历史》，李秋零、田薇译，商务印书馆2016年版，第62—63页。

共同性。①

　　如在《敌基督者》这部著作中，尼采就指出：

　　在基督教中，无论道德还是宗教都没有在任何一点上触及现实。纯然想象出来的原因（"上帝"、"灵魂"、"自我"、"精神"、"自由意志"——或者还有"不自由的意志"）；纯然想象出来的结果（"罪"、"救赎"、"恩典"、"惩罚"、"恕罪"）。一种想象出来的存在者（"上帝"、"精神"和"灵魂"）之间的交往；一种想象出来的自然科学（人类中心论的；完全缺少自然原因的概念）；一种想象出来的心理学（纯粹的自我误解，借助宗教—道德特异体质的符号语言——如"懊悔"、"良心谴责"、"魔鬼的试探"、"上帝的临近"——来解释诸如nervus sympathicus[交感神经]状况这种舒适或不快的一般感受），一种想象出来的目的论（"上帝国"、"末日审判"、"永生"）。——这个纯然虚构的世界与梦境非常不同，并且相形见绌，因为后者反映了现实，而它却要扭曲、贬低、否定现实。一旦"自然"概念被虚构为"上帝"的反概念，"自然的"就必定意味着"卑贱的"，——这整个虚构的世界都根源于对自然之物（——现实！——）的仇恨，都表达了一种对于现实之物深深的厌恶……但是一切都这样被解释了。唯独谁有动机去编造谎言来逃离现实？那些对现实感到痛苦的

① 正如卡尔·洛维特所言："费尔巴哈、施蒂纳和马克思的全部秘密就是向着没有神的存在的低处下降——尼采和克尔凯郭尔也以不同的方式做着同一件事。"他还指出："尽管尼采将对基督教的批判带向了一个前所未有的高度，以至无神论本身成为一个问题，而不只是停留在对'此岸'的单纯认识，但这种对于不存在上帝的体验的深化是以19世纪的无神论为前提的。这一'非基督徒对时代的沉思'所具有的极具说服力的论证要归功于尼采的攻击和费尔巴哈的坦率。"［德］洛维特：《韦伯与马克思以及黑格尔与哲学的扬弃》，刘心舟译，南京大学出版社2019年版，第247页、262—263页。

人。可对现实感到痛苦，这就是一种变得不幸的现实……不快对于快乐的优势是那虚构的道德和宗教的原因：这样一种优势也正是颓废的公式……①

必须对基督教的上帝概念做一番批判。——尚且自信的民族也还有它自己的上帝。它在其中敬拜自己上升的条件、自己的德性，它在一个可以对之表示感恩的事物中投射了它对自身的快感及其力量感。富有的人想要给予；一个高傲的民族需要一个上帝来献祭……如此条件下的宗教是一种感恩的形式。人对自己心存感激：为此需要一位上帝。——这样一位上帝必须能有助益、也能够损害，能做朋友，也能做敌人，——无论好坏，人们都赞赏它。②……

圣经的开头包含了全部教士心理学。——教士只知道一个巨大的危险：这就是科学——关于原因和结果的健康概念。但是，总体上来说，科学只在好的条件下才能兴盛，——人们得有多余的时间和精神，才能去"认识"……"所以，得把人搞得不幸"，任何时候这都是教士的逻辑。③

基督教的上帝概念——上帝之为病人的上帝，之为蜘蛛和精神——是这个世界上所达到过的最腐朽的上帝概念之一；它也许本身就标志着诸神类型退化的顶点。上帝退化为对生命的异议，而没有成为对生命的神化和永恒肯定！在上帝中预告了对生命、自然和生命意志的敌意！上帝成了每一种对"此岸"进行侮辱、每一种"彼岸"谎言的公式！在上

---

① ［德］尼采：《敌基督者》，余明锋译，商务印书馆2016年版，第20—21页。
② ［德］尼采：《敌基督者》，余明锋译，商务印书馆2016年版，第21页。
③ ［德］尼采：《敌基督者》，余明锋译，商务印书馆2016年版，第74页。

帝中，虚无被神化了，"求虚无的意志"被封圣了！……①

在《偶像的黄昏》中，尼采有这样的表述：

对令人愉快的一般感觉的"解释"。它们是由信神引起的。它们是由善行的意识引起的（所谓的"问心无愧"，一种有时看上去类似于，甚至混同于消化良好的生理状况）。它们是由事业的成功引起的（——朴素的错误推论：一项事业的成功决不能使一个恐病患者或一个帕斯卡尔式的人产生愉快的一般感觉）。它们是由信仰、爱和希望——基督教的美德引起的。——实际上，所有这些臆想的解释都是后续状态，仿佛是把喜悦和不快的感觉翻译成了一种错误的方言。人们处在希望的状态，因为生理上的基本感觉又变得强烈而丰富；人们信仰上帝，因为充实和强大的感觉会使人平静。——道德和宗教彻头彻尾属于错误的心理学：在每一种情况下原因和结果都被混淆了；或者真理被混同于信以为真的东西的结果；或者一种意识状态被混同于这种状态的因果关系。

谬误在天国为神祇所作的雄辩［oratio pro aris et focis］一经驳倒，它在人间的存在就声誉扫地了。一个人，如果曾在天国的幻想现实性中寻找超人，而找到的只是他自身的反映，他就再也不想在他正在寻找和应当寻找自己的真正现实性的地方，只去寻找他自身的假象，只去寻找非人了。

---

① ［德］尼采：《敌基督者》，余明锋译，商务印书馆2016年版，第24页。

【义释】"谬误在天国为神祇所作的雄辩"转译自西塞罗的《论神之本性》，直译是：为保卫祭坛和炉灶所作的雄辩；转译是：为保卫社稷和家园所作的雄辩。这里的"雄辩"指的是为宗教的合法性所做的辩护。在马克思看来，宗教一经被驳倒，它也就不再神秘了，人们就不再信仰它了。结合前面费尔巴哈在《基督教的本质》等著作中的相关论述，我们很容易就会发现，这段话基本是对费尔巴哈宗教批判成果的总结。

为什么"一个人，如果曾在天国的幻想现实性中寻找超人，而找到的只是他自身的反映"？因为宗教是人的本质的异化的产物。人们在"天国的幻想现实中"所寻找到的"超人"，只是他自身的反映和补偿而已。宗教是因为在现实中弱势群体无法与强者斗争，因此，就在思想里意淫和想象，他们想象在彼岸的世界可以与强者抗争并将之打败。因此，宗教信仰完全是弱者不愿面对现实、不愿在现实中抗争的遮羞布和避风港，这是一种弱者的逻辑。既然人间不值得，那就用神间来补充。比如那些信教群众会相信"末日审判"，他们期待着那些作恶多端的人早晚有一天会受到惩罚。宗教是弱者的哲学，比如在现实生活中因为这样那样的原因过得不如意，他会沉迷于虚拟世界之中，他在虚拟世界这个幻想的世界中可能是一个"超人"。但是，在这个虚幻的世界中待久了，他会误认为，那个"超人"就是他自己本人，既然他在虚拟的空间里习惯了当"超人"，就再也不愿意回到现实中做回普通人，不愿意回归现实世界，即马克思在这里所谓的"应当寻找自己的真正现实的地方"。就像笛卡尔在《第一哲学沉思录》中所言："就像一个奴隶在睡梦中享受一种虚构的自由，当他开始怀疑他的自由不过是一场黄粱美梦而害怕醒来时，他就和这些愉快的幻象串通起来，以便得以长时间地受骗一样，我自己也不知不觉地重新掉进我的旧见解中去，我害怕从这种迷迷糊糊的状态中清醒过来，害怕在这个休息的恬静之后随之而来的辛勤工作不但不会在认识真理上给我带来什么光明，反而连刚刚在这些难题上搅动起来的一切乌云都无法使之晴朗起来。"①

此外，这一段中译版本里的词汇"神祇"容易读错，不读"神纸"，也不读"神底"，而读"神齐"（shén qí），指天神和地神，泛指神明。

反宗教的批判的根据是：人创造了宗教，而不是宗教创造人。就是说，宗教是还没有获得自身或已经再度丧失自身的人的自我意识和自我感觉。但是，人不是抽象的蛰居于世界之外的存在物。人就是人的世界，就是国家，社会。这个国家、这个社会产生了宗教，一种颠倒的世界意识，因为它们就是颠倒的世界。宗教是这个世界的总理论，是它的包罗万象的纲要，它的具有通俗形式的逻辑，它的唯灵论的荣誉问题［Point-d'honneur］，它的狂热，它的道德约束，它的庄严补充，它借以求得慰藉和辩护的总根据。宗教是人的本质在幻想中的实现，因为人的本质不具有真正的现实性。因此，反宗教的斗争间接地就是反对以宗教为精神抚慰的那个世界的斗争。

【义释】马克思在这里仍然用一种费尔巴哈式的口吻，进一步指认了反宗教的根据："人创造了宗教，而不是宗教创造了人。就是说，

① ［法］笛卡尔：《第一哲学沉思集》，庞景仁译，商务印书馆1986年版，第21页。

宗教是还没有获得自身或已经再度丧失自身的人的自我意识和自我感觉。"也就是说，人并不是上帝的子民，是人创造了世界，而不是上帝创造了这个世界。将人和世界视为是宗教和上帝创造的，这是一种颠倒了的世界观。

我们在这里再次摘引几句费尔巴哈的原文，体会一下二者有无差异：

"上帝人之人性，就是他的人格性；上帝是一个人格式的存在者，意思是说，上帝是一个属人的存在者，上帝就是人。"

"人的绝对本质、上帝，其实就是他自己的本质。所以，对象加于他的威力，其实就是他自己的本质的威力。所以，感性的对象的威力，就是感情的威力；理性的对象的威力，就是理性本身的威力；意志的对象的威力，就是意志的威力。"

"宗教的目的，是人的安适、得救、福乐；人对上帝的关系，不外就是人对自己的得救关系：上帝是被实现了的灵魂得救，或者说，上帝是实现人的得救、福乐的无限权力。"

"信仰之本质——此本质由其一切对象而淋漓尽致地得到确证——，乃在于认为凡是人所愿望的东西都存在着。人愿望不死，他就真的不死；人愿望有一个能够做一切自然与理性所不能做的事情的存在者，结果就真的有这样一个存在者存在。人愿望有一个适合于心情之愿望的世界，愿望有无限的主观性之世界，也愿望有称心如意、持续不断的福乐之世界；然而，实际存在着的却是一个跟这种称心如意的世界正相对立的世界，由此，这个世界就必须消逝。这种消逝是如此地必然，就像必然存在有一位上帝——属人的心情之绝对本质——一样。信仰、爱、希望，乃是基督教的三位一体。希望关系到应许之全，关系到那些现在还没有被成全、但正在被逐渐成全的愿望之成全；爱乃关系到作出这些应许并且成全这些应许的存在者；信仰乃关系到已经被成全而成为历史事实的那些应许、愿望。""上帝之意识，就是人之自我意识；上帝之认识，就是人之自我认识。"

"宗教——至少是基督教——，就是人对自身的关系，或者……就是人对自己的本质的关系，不过他是把自己的本质当作一个另外的本质来对待的。属神的本质不是别的，正就是属人的本质……正就是人的本质。"

"在宗教之本质及意识中存在着的，不外就是一般地在人之本质以及人关于自身和世界的意识中所存在着的。宗教并没有独自的、特殊的内容。"

显然，马克思在这里的这些表述，既是对费尔巴哈对于以神圣形象出现的自我异化的宗教极端揭露的肯定，也是对费尔巴哈宗教人本学立场的一种概括和总结。所谓的"自我异化"，就是将人的有限的能力无限夸大，比如说上帝"全知、全能、至善"。

本段第三句话，"但是，人不是抽象的蛰居于世界之外的存在物。人就是人的世界，就是国家，社会"，马克思在这里用到了一个非常重要的转折连词"但是"，这个"但是"，意味着马克思要表达对费尔巴哈人本主义和自然主义宗教观立场不足的批判，进而由这个"但是"，递进过渡到马克思的（准）历史唯物主义的宗教批判立场。可以看得出来，马克思对费尔巴哈的批判仍然是比较委婉的、含蓄的，而且并没有指名道姓地批判。"人就是人的世界，就是国家，社会"，人是一种"在世之在"。马克思接着指出："这个国家、这个社会产生了宗教，一种颠倒的世界意识，因为它们就是颠倒的世界。"换句话说，费尔巴哈仅仅将宗教的产生归结到它的世俗基础或自然基础，但马克思觉得这还不够，还需要进一步往前溯源，即将人的本质溯源到国家、社会。简单点说就是，马克思在前一段陈述了费尔巴哈宗教批判的根据，即人的类本质或自然。

马克思的超越费尔巴哈的地方既体现在他不再将宗教归结为抽象的人的类本质或者自然，而且递进到国家和社会。费尔巴哈说："向后退时，我同唯物主义者完全一致；但是往前进时就不一致了。"也就是说，费尔巴哈在自然领域是唯物主义的，但他反对用唯物主义的观点解释社会存在和人类历史的发展。用马克思恩格斯在《德意志意识形态》中的说法就是："当费尔巴哈是一个唯物主义者的时候，历史在他的视野之外；当他去探讨历史的时候，他不是一个唯物主义者。在他那里，唯物主义和历史是彼此完全脱离的。"[1]

在马克思看来，一切人与自身的关系、一切人与自然的关系等都可以从一切人与人的关系那里得到解释。换句话说，一切所谓的人的类本质或者自然，都可以从国家和社会中得到解释。这就为阶级斗争和无产阶级的出场提供了可能。洛维特是这样评价马克思对费尔巴哈的推进与发展的，他指出："如果我们与费尔巴哈一样假定，宗教世界只不过是人的世界的一种投影，那么，就产生了这样一个问题：后者为什么投影出前者，为自己创造出一种宗教的上层建筑呢？当马克思提出这一问题的时候，他比费尔巴哈更具有批判性，费尔巴哈的人本主义是温情的无神论。马克思指出：'实际上，通过分析来找出宗教迷雾的尘世内核，

① 《马克思恩格斯选集》（第1卷），人民出版社2012年版，第158页。

要比反过来从现实的生活关系中发展出被美化了的形式容易得多。'然而，后一种情况是唯一科学的、唯物主义的和批判的方法。因此，历史唯物主义的任务就在于分析现实世界内部一种使宗教成为可能的那些特殊矛盾和迫切需要。"①

实际上，在《黑格尔法哲学批判》中，马克思也提出了类似的观点，他指出：人的本质"不是它的胡子、它的血液、它的抽象的肉体，而是它的社会特质，而国家的职能等不过是人的社会特质的存在方式和活动方式"。在《论犹太人问题》中，马克思指出："因为宗教的定在是一种缺陷的定在，那么这个缺陷的根源就只能到国家自身的本质中去寻找。在我们看来，宗教已经不是世俗局限性的原因，而只是它的现象。因此，我们用自由公民的世俗束缚来说明他们的宗教束缚。"②马克思基于费尔巴哈的这种递进性批判在《关于费尔巴哈的提纲》中就更加显豁了，他指出："他（费尔巴哈，笔者加）做的工作是把宗教世界归结于它的世俗基础。但是，世俗基础使自己从自身中分离出去，并在云霄中固定为一个独立王国，这只能用这个世俗基础的自我分裂和自我矛盾来说明。因此，对于这个世俗基础本身应当在自身中、从它的矛盾中去理解，并在实践中使之革命化。"③紧接着，他指出："费尔巴哈把宗教的本质归结于人的本质。但是，人的本质不是单个人所固有的抽象物，在其现实性上，它是一切社会关系的总和。"④而在《德意志意识形态》中，马克思讲一步从唯物史观的视角对人的本质进行了深化理

① ［德］洛维特：《世界历史与救赎历史》，李秋零、田薇译，商务印书馆2016年版，第60—61页。
② 《马克思恩格斯全集》（第1卷），人民出版社1956年版，第425页。
③ 《马克思恩格斯文集》（第1卷），人民出版社2009年版，第500页。
④ 《马克思恩格斯文集》（第1卷），人民出版社2009年版，第501页。

解，他指出："可以根据意识、宗教或随便别的什么来区别人和动物。当人开始生产自己的生活资料，即迈出由他们的肉体组织所决定的这一步的时候，人本身就开始把自己和动物区别开来。人们生产自己的生活资料，同时间接地生产着自己的物质生活本身。人们用以生产自己的生活资料的方式，首先取决于他们已有的和需要再生产的生活资料本身的特性。这种生产方式不应当只从它是个人肉体存在的再生产这方面加以考察。更确切地说，它是这些个人的一定的活动方式，是他们表现自己生命的一定方式、他们的一定的生活方式。个人怎样表现自己的生命，他们自己就是怎样。因此，他们是什么样的，这同他们的生产是一致的——既和他们生产什么一致，又和他们怎样生产一致。因而，个人是什么样的，这取决于他们进行生产的物质条件。"[1]可以看得出来，马克思宗教批判的言辞犀利，针针见血，充满讽刺的意味，逻辑环环相扣、层层递进，每一个词、每一句话、每一个阶段都是必要的，没有丝毫拖泥带水。

为什么国家和社会产生了颠倒的世界意识？（"颠倒的世界意识"在1972年版的《马克思恩格斯选集》和1956年版的《马克思恩格斯全集》中翻译为"颠倒的世界观"。英文版译为"inverted consciousness of the world"）这种颠倒了的世界意识的根源还要追溯到国家和社会。因为国家和社会本身就是颠倒了的，它们是异化了的国家和社会。宗教只是这个颠倒了的国家和社会的一种投射，也是它们的一种补充。宗教是从现实的土壤之中生长出来的，正因为现实的土壤是贫瘠的，才产生了宗教这个虚假的和颠倒的世界。因此，如果要弄清楚宗教的根源，就必

---

[1] 《马克思恩格斯选集》（第1卷），人民出版社2012年版，第47页。

须要回到现实的土壤。换句话说，有什么样的土壤就会孕育出什么样的花，马克思想探明的是，究竟是什么样的土壤孕育出了宗教这朵看起来那么妖艳的"罂粟花"。这一时期，尽管马克思还没有明确提出"经济基础"决定"上层建筑"、"社会存在"决定"社会意识"等范畴，但是，从"颠倒的世界意识"产生于"颠倒的世界"这样的表述中，已经能影影绰绰地看到马克思的唯物史观已经初见端倪，甚至呼之欲出。

马克思在这里讲的"还没有获得自身"，指的是人对很多事物的不可解释性束手无策，自然对人来讲还完全是一种异己的存在，人在自然面前无能为力，自然对人来讲仍然是一种必然，人并不能理解自然界中的很多现象，这时候，人对自然界会有盲目的崇拜行为。如太阳究竟是什么？人类意识到底是怎样产生的，是自然进化的还是像库布里克的电影《2001：太空漫游》中那样是被点悟的？人类是如何起源的？对于这些基本问题的模糊性甚至不可知性，是宗教产生的深层根由。

人类思维跳跃的速度要远比人类的认知高度和人类科技的发展速度快得多。当人类社会和人类科技无法对现实问题（无论是自然的还是社会的问题）做出回答时，"想象"就会被捏造出来填补这些空缺。正如尼采所言："把某种未知的东西归结为某种已知的东西令人放松、平静、宽慰，此外，还可以给人以一种力量感。面对未知的东西，人们会感到危险、不安和忧虑，——第一个本能就是要消除这些痛苦的状况。第一条原则：随便什么解释都比没有解释好。因为从根本上说就是要摆脱压抑的观念，所以，人们并不特别严格地看待消除这些观念的手段。"[1]赖兴巴赫也曾指出："人类总是倾向于甚至在他们还无法找到

① ［德］尼采：《偶像的黄昏》，李超杰译，商务印书馆2020年版，第37页。

正确答案时就作出答案"，"当科学解释由于当时的知识不足以获致正确概括而失败时，想象就代替了它，提出一朴素类比法的解释来满足要求普遍性的冲动。表面的类比，特别是与人类经验的类比，就与概括混同起来了，就被当作是解释了。这样，普遍性的寻求就被假解释所满足了"。①尼采所谓的"未知的东西"和赖兴巴赫的"无法找到正确答案"，或许就是马克思在这里所谓的"没有获得自身"的自我意识和自我感觉。

当然，那些"没有获得自身"的人不只包括我们普通人，也不乏大的科学家、哲学家，如杨振宁、爱因斯坦等。杨振宁先生认为，原子内的电子绕原子核无规律运动，这些粒子的规律必须如此巧妙才能构成我们看到的宏观世界，稍微有点偏差，那么现有的宇宙将不再是眼前这个样子。杨振宁在晚年的一次讲座中坦言："我年轻的时候绝对不相信什么造物主和神这样的说法。因为这些说法在那时候的我看来很幼稚。但是随着年龄的增长，以及对物理世界的更多研究，我已经开始惊叹宇宙的精妙绝伦，特别是麦克斯韦方程组，这一方程组统一了电磁现象，背后反映出电学和磁学的绝对完美。很难让人不相信这背后没有一个造物主在创造着一切。"尽管杨振宁讲的这个"造物主"可能并不是一个人格化的神或者普通人眼中那样有着人形的神，但他倾向于这种神秘的力量是存在的，那是一个无形的造物主。杨振宁先生的这种观点与斯宾诺莎的自然神论非常相似。爱因斯坦也大抵秉持这种观点，他不相信那个人格化的神，但他相信那种宇宙中充斥着的无形的神秘力量。与杨振宁一样，爱因斯坦在50岁的时候就亲自写信说："我信仰斯宾诺莎的那个

---

① ［德］赖兴巴赫：《科学哲学的兴起》，伯尼译，商务印书馆1966年版，第9—10页。

存在事物的有秩序的和谐中显示出来的上帝，而不信仰那个同人类的命运和行为有牵累的上帝。"①

　　显然，当人在面对这种"神秘力量"时，或者说人在还"没有获得自身"的情况下，"造物主"就有了存在的空间和理由。一旦人类找到"正确答案"的时候，"造物主"的解释就再也不会有生存空间。正如马克思所言："大家知道，希腊神话不只是希腊艺术的武库，而且是它的土壤。成为希腊人的幻想的基础、从而成为希腊［艺术］的基础的那种对自然的观点和对社会关系的观点，能够同走锭精纺机、铁道、机车和电报并存吗？在罗伯茨公司面前，武尔坎又在哪里？在避雷针面前，丘必特又在哪里？在动产信用公司面前，海尔梅斯又在哪里？任何神话都是用想象和借助想象以征服自然力，支配自然力，把自然力加以形象化；因而，随着这些自然力实际上被支配，神话也就消失了。"②换句话说，神话也罢，造物主也罢，他们都是在我们还没有理解这个世界时对这个世界的理解，都是为了满足乃至迎合认知需要的一种"权宜之计"式的把握，唯有这样，我们便不再慑服于这个杂乱无章、变动不居的世界，人类在这样的解释中获得了一种力量感，世界在这种解释（即使是错误的解释）之中俨然已变成"属人的世界"。

　　但是，在笔者看来，对有些问题的回答可能是自然科学的解释里永远无法企及的，比如如何面对人的生命的脆弱性、有限性和虚无性，以及由此所带来的恐惧性？正如帕斯卡尔所言，"人只不过是一根芦苇，是自然界里最脆弱的东西。用不着整个宇宙都拿起武器才能毁灭他；一口气、一滴水就足以致他死命了"。如何对抗生命里的虚无感？无论是

① ［美］爱因斯坦：《爱因斯坦文录》，浙江文艺出版社2004年版，第1页。
② 《马克思恩格斯选集》（第2卷），人民出版社2012年版，第711页。

原始的生殖崇拜、自然神崇拜，还是后来的闪米特一神教，从本质上讲，都是基于人类的有限性而生发出来的。只有人类不再感知到自己的渺小、脆弱和无助，那时候宗教或许才会真正地终结。有学者认为，宗教可能不会完全随着人类对物质力量的征服而消逝，相反，可能会随着物质的饱和而愈加全面地转向精神追求。

此外，西方马克思主义那里，还有一种对宗教产生原因的心理学解读。比较典型的就是弗洛姆的《逃避自由》。在弗洛姆看来，从意识上来看，每个人都在向往和追求自由，但在潜意识中却是在"逃避自由"。人自从离开母亲的子宫之后，好像获得了自由，但却失去了安全感，处于一种孤独无依的被抛境地。这与亚当夏娃离开伊甸园是一样的。他们在潜意识中是想返回到那个温存状态之中的。于是人便会从外界寻找一些可以寄托依赖的对象，当然这可能是以一种改头换面的方式来实现的。在弗洛姆看来，这是人的一种普遍的潜意识心理机制。对于这样一种心理机制，弗洛姆指出："如果人类个人化过程所依赖的经济、社会与政治环境（条件），不能作为实现个人化的基础，而同时人们又失去了给予他们安全的那些关系（束缚），那么这种脱节的现象将使得自由成为一项不能忍受的负担。于是自由就变成为和怀疑相同的东西，也表示一种没有意义和方向的生活。这时，便产生了有力的倾向，想要逃避这种自由，屈服于某人的权威下，或与他人及世界建立某种关系，使他可以解脱不安之感，虽然这种屈服或关系会剥夺了他的自由。"[1]

在弗洛姆看来，近世之前，这个被依赖的对象是由宗教来充当的。

① ［美］弗洛姆：《逃避自由》，北方文艺出版社1987年版，第13页。

但是，尽管传统人是安全的但并不自由。近世之后，尼采宣告"上帝已死"，人的主体性开始觉醒，在这样一个个体化的进程中，超感性世界已经坍塌、腐烂，不再具有约束力，人获得了自由，但人在获得自由的同时却再次陷入孤独。电影《肖申克的救赎》中的老布的经历就是这样。老布在监狱中被关押了五十多年，他期待着走出监狱，但是在他终于出狱获得了自由之后却选择了上吊自杀。因为监狱在潜意识之中已经给了他一份安全感，尽管这种安全感是以一种枷锁的方式存在的。某种意义上讲，宗教又何尝不是这样一座监狱！此外，艾伦·伍德也曾做过类似心理学的解释，他指出："我们对上帝存在的最亲密的感知往往来自自然上的贫困感和匮乏感，特别是我们自身的存在感——一种需要上帝存在的感觉，如果没有上帝，生命将面临空虚。像马瑞坦（Maritain）与蒂利希（Tillich）这样的现代神学家认为，我们关于世界依存于上帝的观点来源于我们对自身生存状态的'孤独与脆弱'的'原始直觉'，我们意识到这种存在是不完整也是不充分的，并时时刻刻被荒谬感威胁，时时刻刻被'虚无'（nothingness）与'不存在'（nonbeing）所拖累着（这些思根家很喜欢如此表达）。"

而本段中马克思所讲的"已经再度丧失自身"，指的是在阶级社会中，统治阶级对于被统治阶级而言是一种异己的存在，宗教只是被统治阶级无法在现实中与统治阶级抗衡，于是就在幻想之中对统治阶级的一种战胜。宗教产生于阶级压迫。在《论工人政党对宗教的态度》一文中，列宁对此有过明确的解释，他指出："为什么宗教在城市无产阶级的落后阶层中，在广大的半无产阶级阶层中，以及在农民群众中能够保持它的影响呢？资产阶级进步派、激进派或资产阶级唯物主义者回答说，这是由于人民的愚昧无知。……马克思主义者说：这话不对。这是一种肤浅的、资产阶级狭隘的文化主义观点。这种观点不够深刻，不是用唯物主义的观点而是用唯心主义的观点来说明宗教的根源。在现代资本主义国家里，这种根源主要是社会的根源。劳动群众受到社会的压制，面对时时刻刻给普通劳动人民带来最可怕的灾难、最残酷的折磨的资本主义（比战争、地震等任何非常事件带来的灾难和折磨多一千倍）捉摸不定的力量，他们觉得似乎毫无办法，——这就是目前宗教最深刻的根源。'恐惧创造神'。现代宗教的根源就是对资本的捉摸不定的力量的恐惧，而这种力量确实是捉摸不定的，因为人民群众不能预见到它，它使无产者和小业主在生活中随时随地都可能遭到，而且正在遭到'突如其来的'、'出人意料的'、'偶然发生的'破产和毁灭，使他们变成乞丐，变成穷光蛋，变成娼妓，甚至活活饿死。凡是不愿一直留在预备班的唯物主义者，都应当首先而且特别注意这种根源。只要受资本主义苦役制度压迫、受资本主义的捉摸不定的破坏势力摆布的群众自己还没有学会团结一致地、有组织地、有计划地、自觉地反对宗教的这种根源，反对任何形式的资本统治，那么无论什么启蒙书籍都不能使这些群众不信仰宗教。"[1]在《导言》之后不久，马克思在对未来社会的展望中这样说道："只有当现实的个人把抽象的公民复归于自身，并且作为个人，在自己的经验生活、自己的个体劳动、自己的个人关系中间，成为类存在物的时候，只有当人认识到自身'固有的力量'是社会力量，并把这种力量组织起来因而不再把社会力量以政治力量的形式同自身分离的时候，只有到了那个时候，人的解放才能完成。"或许，到了这样的阶段，宗教才会真正消失。

---

[1] 《列宁选集》（第2卷），人民出版社2012年版，第250—251页。这段话中，列宁引用的是古罗马诗人普·帕·斯塔齐乌斯在史诗《忒拜战纪》里的一句诗："恐惧创造神。"

当阿Q被赵四老爷揪住辫子时，他只有两种办法进行反击：第一，对赵四老爷拳脚输出。第二，迅速调整心态，在精神上聊以自慰。显然，在敌众我寡、敌强我弱的情况下，采取第二种办法更为可取，否则阿Q将会受到更大的伤害。尽管阿Q在身体上占领不了制高点，但却可以在精神和道德上随时随地占领制高点。他虽然消灭不了赵四老爷，但是他可以在精神上随时置对方于不智不信、不仁不义的境地。这样，阿Q在现实中的那种无能一下就被磨平了。否则，阿Q可能会受到身体和心灵的双重失败。宗教就是阶级社会中被压迫阶级在精神上的一次"大胜仗"或者"大逃亡"。

此外，中国从古至今的侠客情结，可能也是这种精神胜利法的体现。"侠者言必行，行必果，己诺必诚，不爱其躯，赴士之所厄困，千里诵义者也。"唐代诗人贾岛有一首诗："十年磨一剑，霜刃未曾试。今日把示君，谁有不平事？"就很好地反映了这种精神。尽管中国也有法家，但是如果就像一般电影没有侠客登场的话，这部电影总感觉像少了些灵魂，就像庄严的庙宇里没有了神，美味的佳肴旁边没有了酒。我们中国人在翻译美国电影名字的时候，也喜欢将之翻译为"侠"，如"蝙蝠侠""蜘蛛侠""闪电侠""钢铁侠"等。几乎每个中国人心中都有一个侠客梦，为此司马迁在《史记》里特意为侠客立传，这个侠客劫富济贫、匡扶正义、疾恶如仇、侠肝义胆、锄强扶弱、惩恶扬善、替天行道。我们发现，这些用来形容侠客的形容词大都可以替换成宗教里的教义和信条。这种侠客精神在某种意义上也是一种精神胜利法，它可以像宗教一样因为现实中人们面对社会正义缺失时的无力感而获得的补偿，无所不能的侠客是我们自身的一种投射、一种诉求。除了平头百姓之外，官府最害怕这种游侠，究其原因，是因为官员阶层大都不缺乏物质财富，也就不需要像马克思所谓的那样相应地用精神世界对现实的苦难进行抗争。

在本段中，马克思在解释了宗教产生的根源之后，他用一种修辞的手法说明了宗教与这个世界的关系。这里共出现了八个"的"，前三个"的"，即"宗教是这个世界的总理论，是它的包罗万象的纲要，它的具有通俗形式的逻辑"，意味宗教已经俨然成为这个世界的主语，而其他一切只不过是从宗教中派生出来的。或者说，宗教已经成为一个"实体"，它是自因的，但又是其他事物的原因。它是无时间性的，也是去历史化的，这种无时间性成就了它的权威性，也成为其他事物历史性地存在着的原因。世界和宗教之间完全被主谓颠倒。后面五个"的"，即"它的唯灵论的荣誉问题，它的狂热，它的道德约束，它的庄严补充，它借以求得慰藉和辩护的总根据"。马克思意在说明的是宗教为"这个世界"充当的功能。在这里，"唯灵论"是一种主张灵魂或抽象精神是世界本源或主宰的宗教世界观，可以理解为"思辨唯心主义"。唯灵论（Spiritualism）是与唯物论（Materialism）相对应的。马克思认为，对于共产主义和无产阶级来说，没有什么比唯灵论，即思辨的唯心主义更危险的敌人了。宗教既是这个到处充满病症的世界的反映和补充，又是对它的抗议。一旦人们在这个宗教的世界寻找到了出路和获得了满足，就不会在真实世界寻找出路，这种精神上的"意淫"也妨碍着人们对这个世界病灶的认识和清除。

复旦大学的马拥军教授在谈到这段话时指出：世界观是对世界的总的、根本的看法。讲"总理论""纲要""逻辑""总根据"，这不是世界观是什么？而"荣誉问题""狂热""道德约束"，表明它不仅是"理论化""系统化"的世界观，即不仅可能成为"哲学世界观"，而且本来就是情感世界观和意志世界观。与之相应，宗教的对立面，无神论，当然也不仅是知识论世界观，甚至首先不是知识论世界观，而是情感世界观和意志世界观。

"宗教是人的本质在幻想中的实现，因为人的本质不具有真正的现实性。因此，反宗教的斗争间接地就是反对以宗教为精神抚慰的那个世界的斗争。"既然人间不值得，那就寄托于神间；既然"现世"是不幸福的，那就寄托于"来世"；既然尘世是苦难的，就寄托于天国。"反宗教的斗争间接地就是反对以宗教为精神抚慰的那个世界的斗争"，这里要特别注意"间接地"这个用法，因为"以宗教为精神抚慰的那个世界"并不是根本，它只是一个表现和外观，真正造成这种外观的是残缺的现实世界。应该逐渐从"反对以宗教为精神抚慰的那个世界的斗争"转向"反对残缺的现实世界的斗争"，后者才是直接的斗争。

> 宗教里的苦难既是现实的苦难的表现，又是对这种现实的苦难的抗议。宗教是被压迫生灵的叹息，是无情世界的情感，正像它是无精神活力的制度的精神一样。宗教是人民的鸦片。

【义释】无论是从内容上还是从写作风格上，这段话和下面那段话都与布鲁诺·鲍威尔很相似。因此，可以将之视为鲍威尔宗教批判的总结。宗教给人提供了一个精神世界，当人们在迷茫的世界中找不到现实的出路的时候，宗教提供了一种世界观和方法论。它既是人们对现实苦难的一种抗议，也给人以巨大的慰藉和寄托。人在现实生活世界中活得太悲惨，所以就幻想在一个宗教世界里神会拯救和庇佑他。就像一些人在现实中过得不如意，就会借酒消愁，以此来消解现实生活的不快，但殊不知，宗教完全是一瓶精神上的劣质酒。何以解忧，唯有杜康！或许喝酒可以短暂地起到解忧的作用，但这只是一种精神上的自我欺骗，并不会因为精神上的解忧，现实中的问题就会得到半点解决，现实中过的该是牛马生活还是牛马生活。甚至喝得越多对身体伤害越大，结果借酒消愁愁更愁了。一句话，人在现实世界中得不到解放，所以人们就假借一个"宗教的世界"慰藉和安抚自己。现实的世界过于冷酷，人们饱受苦难，人们就在宗教的世界中寻找温情。这就像妖精为什么要吃唐僧肉，而不吃百姓肉一样，因为百姓太苦了，没法吃。

在《论犹太人问题》中，马克思也有诸多与本段内容相关的表述，他指出："宗教的定在是一种缺陷的定在，那么这种缺陷的根源就只能到国家自身的本质中去寻找。在我们看来，宗教已经不是世俗局限性的原因，而只是它的现象。因此，我们用自由公民的世俗束缚来说明他们的宗教束缚。我们并不宣称：他们必须消除他们的宗教局限性，才能消除他们的世俗限制。我们宣称：他们一旦消除了世俗限制，就能消除他们的宗教局限性。我们不把世俗问题化为神学问题。我们要把神学问题化为世俗问题。相当长的时期以来，人们一直用迷信来说明历史，而我们现在是用历史来说明迷信。"①

马克思在这里讲，"宗教是人民的鸦片"，过去有人翻译为"宗教是麻醉人民的鸦片"。列宁对这句话评价很高，在1909年的《论工人政党对宗教的态度》一文中，列宁提出"宗教是人民的鸦片，——马克思的这一句名言是马克思主义在宗教问题上的全部世界观的基石"②。实际上，这句话并不是马克思的原创，而是来自青年黑格尔派。对"宗教

---

① 《马克思恩格斯文集》（第1卷），人民出版社2009年版，第27页。
② 《列宁选集》（第2卷），人民出版社2012年版，第247页。

是人民的鸦片"的理解要放到它本来的语境之中，不宜因为中国鸦片战争的原因完全将鸦片视为一种毒品。因为鸦片既是一种毒品，但更有镇痛、麻痹和催眠的作用。尽管鸦片有这些作用，但人们非常容易对这种鸦片上瘾，如果一味地沉迷于宗教，就会罔顾苦难的现实，对现实中的人民漠不关心。殊不知，现实才是宗教产生的根源，宗教只是表现而已，该真正被批判的是带来苦难的那个不公的社会制度和国家。此外，伊格尔顿认为，在当今，体育已经替代宗教成为现在人民的鸦片，他指出："体育运动，在英国特别是足球，已经取代了许多高尚的事业——宗教信仰、国家主权、个人荣誉、道德归属；几个世纪以来，人们一直愿意为这些事业献出自己的生命。体育包含不同团体间的忠诚和敌对、象征性仪式、炫目的传奇故事、偶像般的英雄、史诗般的战斗、华丽的美感、身体上的实现、精神上的满足、壮丽的奇观和强烈的归属感。体育还创造了人群的集体感和直接的肉体参与，这是电视无法做到的。失去这些价值，许多人的生活就会变得空空荡荡。现在人民的鸦片不是宗教，而是体育。实际上，在基督教和伊斯兰教原教旨主义泛滥的世界里，宗教与其说是人民的鸦片，不如说是大众的强效可卡因。"[①]

此外，人们习惯将列宁所提出的"宗教是人民的鸦片，——马克思的这一句名言是马克思主义在宗教问题上的全部世界观的基石"简称为"鸦片基石论"，但也有学者对此提出了不同观点，如中央民族大学的牟钟鉴教授就指出："马克思在《〈黑格尔法哲学批判〉导言》里确实说过'宗教是人民的鸦片'。看看上下文就会知道，马克思没有一点意思说宗教本身很坏，像毒品毒害人；而是说不合理的社会制度使人民得

---

① ［英］特里·伊格尔顿：《人生的意义》，朱新伟译，译林出版社2012年版，第25页。

不到幸福，人民在苦难里无法承受，只好到宗教中寻找安慰。在这种情况下，'宗教里的苦难既是现实的苦难的表现，又是对这种现实的苦难的抗议'，'于是对天国的批判就变成对尘世的批判'，他的矛头始终是对准剥削压迫制度的。他从来没有把'宗教是人民的鸦片'这句话作为他的宗教观的核心或基石，最多是把鸦片作为宗教的一种社会功能来作比喻的。"他还指出："列宁的这个概括在马克思恩格斯经典里找不到根据；也没有揭示宗教的根源和社会本质，只把一种社会功能当作马克思主义宗教观的基石，离开了唯物史观，把水平降低到旧无神论的高度，这合理吗？显然是违背马克思主义的。可是他的概括非常简练明确，比喻形象生动，容易流传，加上他本人的威望，遂成了经典语言，影响面太大了，影响时间太久了。"还有一部分学者对"鸦片基石论"持谨慎的或积极的保留态度，如吕大吉就认为，宗教具有一些麻醉性是否认不了的，只是不能将之说成宗教的全部功能，更不能把"鸦片"视为宗教的本质规定性，说成"马克思主义在宗教问题上的全部世界观的基石"。

除了对"鸦片基石论"的探讨之外，牟教授还提出，马克思、恩格斯关于宗教社会根源方面，"也有不足的地方。马克思、恩格斯是革命家，他们主要从社会革命的角度来探讨宗教问题，缺乏视角的多样性。宗教是立体化的多层次的社会文化体系；对于宗教的探讨，不能仅仅停留在社会经济生活领域，还要有文化学的视野，有心理学的分析，甚至有生死学（探讨死亡问题）的关注。"[①]在笔者看来，牟教授的批判不无道理。这也是笔者在前文中从弗洛姆的视角解释宗教根源的原因。

---

① 牟钟鉴：《马克思主义宗教观的再认识》，《中国民族报》2004年第16期，第3页。

复旦大学的马拥军教授在探讨这段话时指出：这里谈的不是宗教的本质，而是宗教的功能。宗教的正面功能是"被压迫生灵的叹息"和"无情世界的情感"，负面功能是"人民的鸦片"，即麻醉剂。从上下文来看，以往人们把"宗教是人民的鸦片"当作宗教的本质，是完全错误的。它表明，人们没有认识到宗教本身是世界观的一种，即情感世界观。相应地，我们在研究马克思的世界观时，往往忽略它的情感功能。

此外，艾伦·伍德指出："关于宗教不寻常的是，它们既给出了异化的表达、人类生命的空虚感和无价值的表达，同时也为我们提供了对异化的安慰与慰藉，即一种非现实的精神召唤和对彼岸非异化生活的承诺"，"宗教让我们同异化生活相和解，并让它看起来可以忍受；它给我们提供了生活方式的虚假意义，如果没有这种幻觉我们将直接经历其本身——不可被救赎的无意义。异化的社会支持宗教幻觉，因为后者支持前者。如果异化的个体接受一些关于他们自身的观念，促使他们要么认为他们的生活确证和实现了他们的人性，要么认为他们的失落感和空虚感是由于人类状态本身的有限性，而不是由于他们所陷入的暂时的社会关系体制，那么社会显然会更加稳定。因此，宗教的社会功能是遮蔽人们的心灵，并使他们麻醉以经受异化生活的状态。这就是马克思称宗教是'人民的鸦片'的含义。"[①]

另外，本段还涉及一个中文版的翻译问题。"宗教是被压迫生灵的叹息，是无情世界的情感"，在过去也被翻译为"宗教是无情世界的感情"（《马克思恩格斯选集》1972年版）或者"宗教是无情世界的心境"（《马克思恩格斯选集》1995年版）。而英文版中是：Religion is

① ［美］艾伦·伍德：《卡尔·马克思》，张晓萌、杨学功、任劭婷译，中国人民大学出版社2023年版，第11—12页。

the sigh of the oppressed creature, the heart of a heartless world, just as it is the spirit of spiritless conditions。翻译略有不同，请读者自行忖度哪种译法贴切。

> 废除作为人民的虚幻幸福的宗教，就是要求人民的现实幸福。要求抛弃关于人民处境的幻觉，就是要求抛弃那需要幻觉的处境。因此，对宗教的批判就是对苦难尘世——宗教是它的神圣光环——的批判的胚芽。

【义释】马克思对宗教产生的原因持有一种唯物主义的看法。在马克思看来，从政治斗争的视角来看待反对宗教的斗争，宗教斗争只是政治斗争的前导。宗教斗争为政治斗争开辟了道路，它使受苦的人不再迷信来世、彼岸和天堂，而是要从天堂拉回到人间和地面，注重现世的人的现实幸福。宗教的斗争不能原地踏步，而要进一步往前迈进，即转向对尘世的批判、对法的批判和对政治的批判。当然，这一观点在同时期的《论犹太人问题》中亦有所表述。

"废除作为人民的虚幻幸福的宗教，就是要求人民的现实幸福。"这句话是马克思对以上讨论的一个总结。换句话说，如果没有人民的现实幸福，作为人民的虚幻幸福的宗教终究是不可能被废除的。即便是那些曾经被废除过的宗教也会因为人民的现实幸福的再次缺乏而死灰复燃。存在的事物，一定是具有它存在的某种合理性，之所以人们信仰只能带来虚幻幸福的宗教，那是因为他们处于残酷的、悲惨的现实处境之中。现实世界有它根本性的缺陷，所以宗教才被这个现实世界所需要。在与《导言》同一时期的《论犹太人问题》中，马克思也有类似的阐述，他指出："宗教的存在是一个缺陷的存在，那末这个缺陷的根源只应该到国家自身的本质中去寻找。在我们看来，宗教已经不是世俗狭隘性的原因，而只是它的表现。因此，我们用自由公民的世俗桎梏来说明他们的宗教桎梏。我们并不认为：公民要消灭他们的世俗桎梏，必须首先克服他们的宗教狭隘性。我们认为，他们只有消灭了世俗桎梏，才能克服宗教狭隘性。我们不把世俗问题化为神学问题。我们要把神学问题化为世俗问题。相当长的时期以来，人们一直用迷信来说明历史，而我们现在是用历史来说明迷信。"①

这种批判撕碎锁链上那些虚幻的花朵，不是要人依旧戴上没有幻想没有慰藉的锁链，而是要人扔掉它，采摘新鲜的花朵。对宗教的批判使人不抱幻想，使人能够作为不抱幻想而具有理智的人来思考，来行动，来建立自己的现实；使他能够围绕着自身和自己现实的太阳转动。宗教只是虚幻的太阳，当人没有围绕自身转动的时候，它总是围绕着人转动。

【义释】马克思早年既受青年黑格尔派（如布鲁诺·鲍威尔等）的影响，也受歌德、海涅等大文豪的影响。因此，马克思早期的文本总喜欢用一种近乎文学化的表达方式来阐释自己的思想，甚至在1848年的《共产党宣言》中还一直保留着这样的习惯。如《共产党宣言》就是以"幽灵隐喻"的方式来开篇的："一个幽灵，共产主义的幽灵，在欧洲游荡。为了对这个幽灵进行神圣的围剿，旧欧洲的一切势力，教皇和沙

---

① 《马克思恩格斯全集》（第1卷），人民出版社1956年版，第425页。

皇、梅特涅和基佐、法国的激进派和德国的警察，都联合起来了。"这种隐喻的、美文学的、有时甚至带有某种夸张意味的笔调，就像在敌人坚固的堡垒里扔了一颗燃烧弹，既可以赢得更多更广泛的读者，也有很大的鼓动性作用，它可以让人们在瞬间群情激昂，点燃激发起群众高涨的革命热情。

前文中我们讲过，在"博士论文"时期，马克思的"自我意识哲学"思想受布鲁诺·鲍威尔的影响比较大。在"德法年鉴"时期，尽管马克思已经在思想上对鲍威尔进行了扬弃，但在文风上仍然带有鲍威尔的"影子"。在《青年黑格尔派与马克思》一书中，麦克莱伦指出：《导言》"头两页概述其宗教观念的地方所使用的几乎全部比喻都是从鲍威尔那里借用来的，鲍威尔这时仍然是他在这个领域中的最重要的典范"[①]。"撕碎锁链上那些虚幻的花朵"的比喻就源于鲍威尔的《对观福音书作者批判》一书。

尽管鲍威尔批判基督教的异化本质，但他却认为可以用一种新的宗教去让人类摆脱异化，即路德的宗教改革可以克服这种异化。在鲍威尔看来，路德的宗教改革把人们从宗教和权威中解放出来，而普鲁士王国正是这种新的宗教精神的继承者。显然，鲍威尔的宗教批判是不彻底的。因为尽管他对宗教进行批判，但却对普鲁士王国采取保守的政治立场。与鲍威尔一样，费尔巴哈则是用"爱的宗教"去代替信仰上帝的宗教，用对人的爱去代替对上帝的爱。简单点讲就是，费尔巴哈认为，基督教不对，但并非宗教不对，菜炒错了，要重新炒，他摇身一变成为新的厨师。在摘掉宗教的锁链之后，费尔巴哈又重新给人戴上没有幻想没

---

① ［英］麦克莱伦：《青年黑格尔派与马克思》，夏威仪、陈启伟、金海民译，商务印书馆1982年版，第80页。

有慰藉的锁链。因此，马克思才在这里讲，"这种批判撕碎锁链上那些虚幻的花朵，不是要人依旧戴上没有幻想没有慰藉的锁链，而是要人扔掉它，采摘新鲜的花朵"。马克思对宗教的态度并不是改良的，而是革命的。

在1842年发表在《莱茵报》上的《历史法学派的哲学宣言》中，马克思在批判胡果时也使用了类似的隐喻："胡果是一个十足的怀疑主义者。否认现存事物的理性的18世纪的怀疑主义，在胡果那里表现为否认理性存在的怀疑主义。胡果承袭了启蒙运动，他不认为实证的事物是合乎理性的事物，但这只是为了不把合乎理性的事物看作实证的事物。胡果认为，人们消除实证的事物中的理性假象，是为了承认没有理性假象的实证的事物；他认为，人们摘掉锁链上的虚假的花朵，是为了戴上没有花朵的真正锁链。"

这里"虚幻的花朵""新鲜的花朵"等比喻也有可能来源于海涅。在《论德国宗教和哲学的历史》中，海涅也有大量类似的比喻。他指出："路德在斗争和苦难里，从内心中迸发出来的一些诗歌，比这些散文著作更有意义和更为出色。它们有的像长在巉岩上的花朵，有的像倾泻在波涛汹涌的海面上的莹莹闪烁的月光。"[1]他还说："凡是承认宗教改革的诸侯，都把这种思想自由合法化了，思想自由开出的一朵重要的具有世界意义的花朵便是德国哲学。"[2]马克思与海涅是莫逆之交、"星标好友"，海涅曾经救过马克思第一个孩子的性命。可以说，两人的关系已经达到了"只要半句话就能互相了解"的地步。海涅一有了新的诗歌创作，即使再晚，他也会到马克思家中去朗诵，并征求马克思的

①　[德] 亨利希·海涅：《论德国宗教和哲学的历史》，海安译，商务印书馆2016年版，第51页。
②　[德] 亨利希·海涅：《论德国宗教和哲学的历史》，海安译，商务印书馆2016年版，第45页。

意见。马克思和夫人燕妮还经常通宵不眠和海涅一起为新作加工、润色。1845年，法国反动统治者无理驱逐马克思，马克思临行时写信给海涅道："离开海涅使我最痛苦，我真想把您也打进我的行李中去。"

在马克思看来，人和宗教的关系明明是"人创造了宗教"，但却以"宗教创造人"的主宾颠倒的形式呈现着。宗教只是虚幻的太阳，人的根本就是人本身，而不是上帝。上帝只是人们对尘世恐惧的拟人化表达。因此，人应该以更加理性的姿态面对血淋淋的苦难现实，关注冷酷无情的现实世界，不应该去本末倒置地投身于那个虚幻的世界。应该像哥白尼一样将这种颠倒的关系颠倒过来，这时宗教将以"人创造宗教"的姿态"围绕着人转动"。

因此，真理的彼岸世界消逝以后，历史的任务就是确立此岸世界的真理。人的自我异化的神圣形象被揭穿以后，揭露具有非神圣形象的自我异化，就成了为历史服务的哲学的迫切任务。于是，对天国的批判变成对尘世的批判，对宗教的批判变成对法的批判，对神学的批判变成对政治的批判。

【义释】本段是对前面几段的一个总结。"彼岸世界"就是宗教世界、天国世界，"此岸世界"指的是现实世界、世俗世界。"对天国的批判变成对尘世的批判，对宗教的批判变成对法的批判，对神学的批判变成对政治的批判。"马克思接连用了三个"变成"，既表达了他所实现的批判路线的转向，也表达了同以费尔巴哈为代表的宗教批判的根本区别。

尽管宗教的异化体现了异化的一个原始样本，但是仅仅有宗教异化的批判是不够的。"对宗教虚假意识的战争必须被看作仅仅是对异化实践斗争的一个方面，这场战争在更根本性的、更具实践性的斗争胜利之前是不可能全面胜利的"[①]，因此，还需要进一步地往前走，进行更深层次的、更根本性的批判。马克思对宗教的批判并不是一种扬汤止沸式的批判，而是要对宗教产生的根源进行釜底抽薪式的批判，他要斩断宗教的盘根错节，要将其连根拔起，即对尘世的批判、法的批判和政治的批判，究其根本，就是要着手于对资产阶级所有制进行批判。

"真理的彼岸世界"指的是什么？我们知道，古希腊时期有毕达哥拉斯的"可理喻的东西"与"可感知的东西"的划分，可理喻的东西是完美的、永恒的，而可感知的东西则是有缺陷的。而继承了毕达哥拉斯衣钵的柏拉图则用"可知世界"和"可感世界"的方式进行了划分，"可知世界"可知而不可感，"可感世界"可感而不可知。在他们看来，"可感世界"是虚幻的、不完美的，而"可知世界"才是真理。"可感世界"只是对"可知世界"的"分有"。"可感世界"不但不是真理本身，甚至它还会妨碍认识真理。正是因为如此，德谟克利特晚年才将自己的双眼戳瞎，第欧根尼才在白天打着灯笼寻找真理。此外，柏拉图还以洞穴喻的方式来说明"可知世界"和"可感世界"的不同，这种"两个世界"的划分观念直接影响了后来的基督教。正如罗素所言："所谓柏拉图主义的东西倘若加以分析，就可以发现在本质上不过是毕达哥拉斯主义罢了。有一个只能显示于理智而不能显示于感官的永恒世界，全部的这一观念都是从毕达哥拉斯那里得来的。如果不是他，基督徒便不会认为基督就是道；如果不是他，神学家就不会追求上帝存在与

———————————
① ［美］艾伦·伍德：《卡尔·马克思》，张晓萌、杨学功、任劭婷译，中国人民大学出版社2023年版，第13页。

灵魂不朽的逻辑证明。但是在他的身上，这一切还都不显著。"①

可以说，中世纪的奥古斯丁是毕达哥拉斯和柏拉图的神学版本。从奥古斯丁的《上帝之城》以来，真理就只存在于彼岸世界中。也就是说现实世界被划分为两座城，"一座是由按照肉体生活的人组成，另一座是由按照灵性生活的人组成"。显然，前者也就是所谓的"尘世之城"只有欲望而没有真理，只有后者也就是由教会组成的所谓的"上帝之城"才有所谓的真理存在。②随着宗教批判的深入，真理的彼岸世界也便随之消失了。那么，剩下的任务便是确立此岸世界的真理。只有此岸世界确立了属于自己的真理，真理方才能够从彼岸世界彻底消失。而如何才能确立此岸世界的真理呢？那就是"为历史服务的哲学"的迫切任务了，这个任务就是要对"尘世之城"进行彻底的批判。而对这个"尘世之城"的批判便只能从维护"尘世之城"秩序的法和政治进行批判。

"人的自我异化的神圣形象被揭穿以后，揭露具有非神圣形象的自我异化，就成了为历史服务的哲学的迫切任务。""人的自我异化的神圣形象"容易理解，就是宗教活动中的各种拜物圣事，或者神、上帝。"非神圣形象的自我异化"指的便是存在于资本主义社会当中的商品、货币和资本拜物教。这句话的意思是，当宗教的异化被揭穿以后，继续揭露商品、货币和资本等的异化就成为下一步要做的工作，这些又重新构成了人的本质实现的重重阻碍。这个"非神圣化的自我异化"已经不

---

① ［英］罗素：《西方哲学史》，何兆武、李约瑟译，商务印书馆1963年版，第46页。

② 奥古斯丁的"光照说"同"洞穴喻"一样，描述的是感觉经验和认识真理的关系。如果想要看到永恒的事物，人的心灵就需要光照，没有光照我们就不能追求到永恒的真理。就像"洞穴喻"中的囚徒一样，看不到太阳，只是把洞穴中的影像当作真实的世界。

在宗教的世界，也不再以"神圣形象"出场。批判它们的任务应该交给"为历史服务的哲学"。实际上，从1844年开始，在与国民经济学的批判性接触之后，马克思已经开始深入社会历史存在的深处，通过对市民社会的政治经济学批判来揭示现代文明的基本状况。

> 随导言之后将要作的探讨——这是为这项工作尽的一份力——首先不是联系原本，而是联系副本即联系德国的国家哲学和法哲学来进行的。其所以如此，正是因为这一探讨是联系德国进行的。

【义释】在1843年，马克思已经从对黑格尔思辨哲学的迷恋中抽身出来，他开始反对纯粹的思辨，认为哲学必须直面现实。现实总是通过一定的意识反映出来的。这里"原本"和"副本"的概念来源于对世界的二重化理解。显然，"原本"是指的现实的社会，而"副本"是指德国的国家哲学和法哲学。为什么要联系"副本"去批判？无论是年龄稍长的哲学家黑格尔，还是马克思的"忘年交"海涅，都是沿着这条路线进行的，即首先对"副本"进行批判，这是德国的一个传统。此外，这还是由德国历史发展的特殊性决定的。这种特殊性是什么呢？德国现实的"原本"是一个什么样的"原本"？马克思在下一段中进行了进一步阐明。

"随导言之后将要作的探讨"，即马克思于1843年就已经着手写作的《黑格尔法哲学批判》。在《马克思恩格斯文集》后面有一个编者的注释："马克思本来计划在《德法年鉴》上发表这篇《导言》之后，接着完成在1843已着手撰写的《黑格尔法哲学批判》并将其付印。《德法年鉴》停刊后，马克思逐渐放弃了这一计划。他在《1844年经济学哲学手稿》的序言中曾说明了放弃这一计划的原因。""1844年5—6月以后，马克思已经忙于其他工作，并把经济学研究提到了首位。从1844年9月起，由于需要对青年黑格尔派进行反击，马克思开始把阐述新的革命的唯物主义世界观同批判青年黑格尔派结合起来，同批判德国资产阶级和小资产阶级的唯心主义世界观结合起来。马克思和恩格斯合著的《神圣家族》和《德意志意识形态》完成了这项任务。"[①]

> 如果想从德国的现状［status quo］本身出发，即使采取唯一适当的方式，就是说采取否定的方式，结果依然是时代错乱。即使对我国当代政治状况的否定，也已经是现代各国的历史废旧物品堆藏室中布满灰尘的史实。即使我否定了敷粉的发辫，我还是要同没有敷粉的发辫打交道。即使我否定了1843年的德国制度，但是按照法国的纪年，我也不会处在1789年，更不会是处在当代的焦点。

【义释】本段第一句话的英文是："If one wanted to proceed from the status quo itself in Germany, even in the only appropriate way, i.e., negatively, the result would still be an anachronism."这里的"结果依然是时代错乱"，有的中译本翻译为"结果依然要犯时代错误"。此外，"anachronism"这个词还有"不合时宜；弄错年代；过时的人（或风俗、思想）"等意思。

---

① 《马克思恩格斯文集》（第1卷），人民出版社2009年版，第764页。

在本段中，马克思主要讲的是德国的"原本"。"原本"是什么样的？用马克思的话来说就是"时代错乱"。所谓的"时代错乱"主要有两层含义：第一是德国的哲学与现实和制度的不对称。德国的哲学远远超前于它的现实发展。第二是德国的经济和政治与"现代各国"（英国和法国等）的不对称。德国的经济、政治制度等远远落后于"现代各国"。

法国哲学家瑞贝卡·柯梅教授将马克思这里的"时代错乱"称为"时空倒错"，她在《法兰西革命与德意志悲苦》一文中指出："……德国历史在此之后将被解读为一部令人沮丧的编年史：失落的机会，失效的期限，遭到背叛的承诺和挫败了的希望。对于1840年之后的马克思主义（而且不仅是马克思主义的）历史叙事而言，'法国革命'在德国的缺席成为一系列历史性缺位的模板……透过大革命的棱镜，德国历史呈现为一堆碎石瓦砾，这里有错过的机遇、受阻的潜能，以及残暴地倒退回到最为专制的旧制度的结构中……这个结构完全是创伤性的：德国的现代性经验注定是一种迷失的经验。与法国大革命的相遇所引发的时空倒错，成为自此以来的历史和政治经验的无可回避的特征，其本身就是创伤。"此外，她还指出："法国激动人心的现代性与仍旧陷于封建专制主义泥潭的德国的普遍衰朽之间令人震惊的差异——种种政治、社会、经济和技术的延缓似乎都将后者抛进了一潭死水中。"瑞贝卡·柯梅还对彼时"德意志的悲苦"进行了描述："它捕捉到了一种长期的不悦或者坏情绪——在任何意义上——它使得德国的现代性成为在实际行动中反复的失败。历史不再将自身揭示为在时间的因果持续性之中的进步潜能的实现；它展现了一片与现实的可能性相反的雷区，只有回溯性地看到它一再反复得不到实现的事实，才能对它加以辨认。可能性仅仅作为一种失落的可能性出现，一种流产的可能性，被毁灭的可能性，甚至是不可能性，而未来已经成为过去——这种窘境非常接近于瓦尔特·本雅明后来为人所熟知的界定'朝向过去的希望'。"①

霍布斯鲍姆将马克思所生活的时代称为"革命的时代"（1789年至1848年），即英国完成了工业革命，他们通过经济征服世界，而法国则完成了政治革命，他们通过政治重塑世界。英国进入了经济发展的狂飙时代，它们经常以到处高耸入云的烟囱数量炫耀彰显自己的力量。而在法国，资产阶级更是风起云涌，资产阶级联合法国底层人民奋起反抗统治阶级，那些长期鱼肉百姓的贵族一拨一拨地被送上断头台，资产阶级以有声有色的"英雄业绩"争得了自己的统治。正如在《双城记》中查尔斯·狄更斯所描述的那样，法国的妇女手中织着毛线，坐在椅子上，仿佛是在公共娱乐园里看着这些贵族被送上断头台，这些妇女已经对之习以为常，在贵族被断头的时候，她们的嘴里甚至一起嘟囔倒数着"三二一"。而此时德国的资本主义发展远远落后于英国和法国，在英国和法国进入资本主义发展的狂飙阶段时，德国还深深陶醉于所谓的"德意志神圣罗马帝国"。当然，也有一部分人在苦苦挣扎，寻找出路。这时，离俾斯麦发动王朝战争实现德国的统一还有很长的一段路要走，况且谁也不会想到德国的统一会以一种王朝战争而非人民起义的方式实现。

正因为英法两国与德国的发展是"时代错乱"的，所以对英法两国的现状的批判和对德国的现状的批判也是错位的。对德国现状批判的冉冉升起的太阳，早已是对英法两国现状批判的黄昏的落日。德国堪堪迈

---

① 赵志勇：《"政治地做戏剧"——以1950年代布莱希特剧院两出古典戏剧改编为例》，《文艺理论与批评》2021年第3期。

出的前足，踩到的却是英法两国早已远去之后留下的车辙。因此，马克思在这里用了"三个即使"的对偶排比句指出："即使对我国当代政治状况的否定，也已经是现代各国的历史废旧物品堆藏室中布满灰尘的史实。即使我否定了敷粉的发辫，我还是要同没有敷粉的发辫打交道。即使我否定了1843年的德国制度，但是按照法国的纪年，我也不会处在1789年，更不会是处在当代的焦点。"

在本段的最后一句："即使我否定了1843年的德国制度，但是按照法国的纪年，我也不会处在1789年，更不会是处在当代的焦点。"1843年当然是马克思写作这部《导言》的时间。而1789年当然是法国大革命的时间。在马克思看来，德国的现实是低于批判的水平的，去批判这个现实的话，会犯时代错误。因此，应该将批判的靶点放在德国的国家哲学上，这样才会成为当代的焦点。实际上，马克思在后文中也做了回答，他指出："正像古代各民族是在想象中、在神话中经历了自己的史前时期一样，我们德国人在思想中、在哲学中经历了自己的未来的历史。我们是当代的哲学同时代人，而不是当代的历史同时代人。德国的哲学是德国历史在观念上的延续。因此，当我们不去批判我们现实历史的未完成的著作，而来批判我们观念历史的遗著——哲学的时候，我们的批判恰恰接触到了当代所谓的问题之所在的那些问题的中心。"

真正的哲学是人们在思想中所把握到的那个时代，是时代精神之精华，哲学与现实之间具有一定的批判张力。对德国现状的批判不但不会成为当代的焦点，甚至都算不上哲学。因为这种低于时代的批判早已经过时了。就像我们在认识论中经常说明的一个问题，"因果规律"是科学而不是哲学，对"因果规律"客观性的怀疑和批判才是哲学，前者是低于时代思想水平的。

这里"敷粉的发辫"指的是"由宗教幻想和政治幻想掩盖着的剥削",而"没有敷粉的发辫"则指的是"公开的、无耻的、直接的、露骨的"封建剥削。还有学者将前者理解为"宗教下的封建制度",将后者理解为"资本主义的剥削",那这句话就可以理解为:即便否定了宗教下的封建制度压迫,资本主义的剥削的现实也依然刺目。此时的德国资本主义生产方式已经开始发展,但却是旧时代的封建王朝实行政治统治,这也是一种时代的错乱。当然,"敷粉的发辫"是隐喻的用法,封建社会贵族的男人是要戴假发和在假发上扑粉的,他们以此来突出头发的浓密,更以此来彰显贵族的身份。也就是说,即使对德国的落后现实进行了思想批判,德国也不会处在当代的焦点,即不会完全实现人的解放。实际上,马克思在这里是引而不发,即使否定了敷粉的发辫还会有不敷粉的发辫,那不如干脆一点,完全将发辫割去,那就是要进行完全的革命,从而消灭任何奴役、实现普遍的人的解放。

德国的现实真的是那样落后和不堪吗?马克思预判到其他思想家可能会对他在这一段的分析不认同或者提出异议,于是他在下一段中预先回应了这些潜在的反驳。同时,也进一步阐释了德国的"原本"。

　　不错,德国历史自夸有过一个运动,在历史的长空中,没有一个国家曾经是这个运动的先行者,将来也不会是这个运动的模仿者。我们没有同现代各国一起经历革命,却同它们一起经历复辟。我们经历了复辟,首先是因为其他国家敢于进行革命,其次是因为其他国家受到反革命的危害;在第一种情形下,是因为我们的统治者们害怕了,在第二种情形下,是因为我们的统治者们并没有害怕。我们,在我们的那些牧羊人带领下，总是只有一次与自由为伍，那就是在自由被埋葬的那一天。

【义释】"德国历史自夸有过一个运动"，这个"运动"指的是1517年马丁·路德抗议罗马天主教会所发动的宗教改革运动。为什么指的是宗教改革呢？因为马克思在后文中有过提示，即"从历史的观点来看，理论的解放对德国也有特殊的实践意义。德国的革命过去就是理论性的，这就是宗教改革"。在这场宗教改革运动中，路德撰写《九十五条论纲》，反对罗马教廷出售赎罪券。路德在神学上强调"因信称义"，宣称人们可以直接通过读《圣经》获得神启。他还提倡用民族语言举行宗教仪式，把《圣经》翻译成德文，以《圣经》的权威对抗教皇权威。同时，建立本民族（德）教会。减少教堂和修道院，简化宗教仪式，并主张神父可以娶妻。按照路德主义建立的教会统称"路德教派"。1520年路德发表了《致德意志的基督教贵族书》等，提出其改革主张。1530年由梅兰希顿起草、路德审定的《奥格斯堡信纲》系统地阐述了路德宗教义。实质上，这是一场西欧资产阶级在宗教外衣掩饰下发动的，反对封建统治和罗马教会的政治运动。

路德掀起宗教改革之后，反对罗马教廷的运动此起彼伏，后来波及瑞士、英国、法国等国。比如1536年在瑞士由约翰·加尔文领导的宗教改革运动，按加尔文主义建立的教会统称为"加尔文教派"（加尔文是法国人，因主张宗教改革，被法国王室认定为异端，后逃亡到了瑞士）。根据恩格斯的评价，相较于路德温和的改革而言，加尔文的宗教改革比较彻底和激进。加尔文在瑞士的宗教改革还影响到了法国，出现了"胡格诺派"。英格兰国王亨利八世与罗马教皇决裂，1534年英格兰议会通过《至尊法案》，宣布国王为英格兰教会的最高首脑。英格兰宗教改革后形成英国国教，其教会称英国国教会（安立甘教会）。英国的改革使其摆脱了教皇的控制，重新确立了国家与教会的关系。路德宗、加尔文宗和安立甘宗为宗教改革后新教的三个主要教派。

但也有学者对马克思这里所谓的"运动"提出不同的观点，如有学者认为，如果这里的"运动"指的是"路德宗教改革"的话，那后文中马克思为何又指出"将来也不会是这个运动的模仿者"？但1536年开始，由加尔文在日内瓦引领的宗教改革就是受到了路德宗教改革的影响而发生的，在一定程度上可以讲，加尔文的宗教改革也是对路德宗教改革的一种"模仿"。因此，在这些学者看来，这个"运动"指的可能是德国古典哲学的运动，也可能是青年黑格尔派的思想运动，还有可能指的是德国文学上在这一时期的狂飙突进。

"我们没有同现代各国一起经历革命，却同它们一起经历复辟。"英国于1640年爆发资产阶级革命。共和国时期，克伦威尔掌握了政权，担任"护国主"，实行有利于人民与资产阶级的政策。但是，克伦威尔去世后不久，1660年斯图亚特王朝（查理二世）复辟，1685年查理二世去世。他死后，弟弟詹姆士二世继位，他推行反动政策，实行血腥报复。直至1688年发动宫廷政变，推翻斯图亚特王朝统治，英国终于迎来不信奉天主教的国王后，才算真正地稳定下来。这就是英国的资产阶级革命，即"光荣革命"。而法国也没有好到哪里去，1789年法国大革命后，经历了波旁王朝的两次复辟和法兰西第一帝国复辟，直至1848年2月法国的二月革命才真正确立了资产阶级的全面统治。

1814年9月18日到1815年6月9日间，以四大列强——奥地利、英国、俄国与普鲁士为主导的维也纳会议召开，所谓"真正的复辟"在欧洲以"合法性"的形式落地，奥地利与普鲁士都在此次会议的决议中获得了从前被法国夺走的大量土地，更重要的是获得了维系保守制度、防止被自由主义冲垮统治的可能。

英国和法国都进行了资产阶级革命，但是资产阶级革命却迟迟没有在德国发生。尽管德国没有进行革命，但却进行过改良。而且德国（以普鲁士和奥地利为代表）与英法两国一样，在拿破仑战争失败之后，都经历了复辟。普鲁士王国国王弗里德里希·威廉四世为了避免现行国家制度的失败，采取了各种两面的、模糊的、虚伪的，乃至欺骗的做法，来掩盖自己反自由的目的。正如马克思在后文中指出的，"一位德国国王在政治上、审美上的贪欲将为此提供特别的保证，这个国王想扮演王权的一切角色——封建的和官僚的，专制的和立宪的，独裁的和民主的；他想，这样做如果不是以人民的名义，便是以他本人的名义，如果不是为了人民，便是为他自己本身"。有学者指出，德国的这种改良和复辟有点类似于中国1898年发动的百日维新和其后的张勋复辟。

马克思之所以在这里讲"我们经历了复辟，首先是因为其他国家敢于进行革命，其次是因为其他国家受到反革命的危害；在第一种情形下，是因为我们的统治者们害怕了，在第二种情形下，是因为我们的统治者们并没有害怕"，是因为其他国家的资产阶级革命对德国有着双重的影响。第一，英法两国发生了资产阶级革命，推翻了封建专制统治，德国的封建贵族面对国外的资产阶级革命肯定内心是害怕的、惶恐的。因为革命的火种很有可能会波及燎原到本国，以至于他们会像英法的贵族一样被推上断头台，遭受被推翻的命运，因此他们一定会把自己的獠牙磨得更尖、更快，巩固和加强他们的封建统治。因此，马克思在文中说："在第一种情形下，是因为我们的统治者害怕了"。第二，德国的封建专制统治者在看到英法两国发生复辟，他们当然是欢欣鼓舞的，因为这样革命的火种就不会波及自身。在这种情况下，他们也会将英法的经历作为前车之鉴，更加加强自己的专制统治。因此，马克思在文中也说："在第二种情形下，是因为我们的统治者们并没有害怕。"

> 有个学派以昨天的卑鄙行为来说明今天的卑鄙行为是合法的，有个学派把农奴反抗鞭子——只要鞭子是陈旧的、祖传的、历史的鞭子——的每一声呐喊都宣布为叛乱；正像以色列人的上帝对他的奴仆摩西一样，历史对这一学派也只是显示了自己的后背［a posteriori］，因此，这个历史法学派本身如果不是德国历史的杜撰，那就是它杜撰了德国历史。这个夏洛克，却是奴才夏洛克，他发誓要凭他所持的借据，即历史的借据、基督教日耳曼的借据来索取从人民胸口割下的每一磅肉。

【义释】面对德国当时的社会现状，国内民众持有三种态度：第一种是守旧派，即马克思在本段中所谓的"德国的历史法学派"；第二种是复古派，即后文中马克思所谓的"德国狂热者希望倒退到封建社会之前的社会"，即"自然法学派"；第三种是革命派，他们主张向"德国制度开火！"。当然，在本段中，马克思将矛头对准的主要就是守旧派，即"德国的历史法学派"。

历史法学派，又译为法的历史学派，是18世纪末在德国兴起的一个法学流派。其特征是反对古典自然法学派，强调法律应体现民族精神和历史传统；反对1789年法国资产阶级革命中的资产阶级民主主义思想；重视习惯法；反对制定普遍适用的法典。该派的代表人物是古·胡果、弗·卡·萨维尼等人。他们借口保持历史传统的稳定性，极力维护贵族和封建制度的各种特权，为垂死的旧制度背书。该派以后逐步演变成19世纪资产阶级法学中的一个重要流派。1842年，萨维尼被任命为修订普鲁士法律的大臣，这样，历史法学派的理论和方法就成了修订普鲁士法律的依据。[①]

历史法学派总是喜欢诉诸历史，寻找历史中的旧的社会制度和秩序的合理性，他们完全是旧事物的卫道士和代言人，他们拒绝接受一切现代资本主义国家的做法，用保守的做法来对待变革，用批判对待人民的呼声。他们总是主张回到过去、回到传统、回到特色。但是，他们在吹嘘自己是理性代表的幌子下为自己开路。具体地讲，就是他们总是出于对普鲁士王权以拥护的目的，对历史进行目的论导向的解读。因此，他们不仅不认为德国是落后于时代的，而且认为德国是优于时代的。他们努力寻找德意志民族之根，以及其中可能存在的甚至高于现代政治允许的自由程度。例如，历史法学派的鼻祖和创始人胡果在《作为实在法、特别是私法的哲学的自然法教科书》一书中就曾指出："不自由丝毫不会改变不自由的人和其他人的动物本性和理性本性。一切道义上的责任仍然起作用。奴隶制不仅从肉体方面来看是可行的，而且从理性方面来看也是可行的；任何证明与此相反的观点的探讨，肯定包含着某种误解。""至于说到理性的本性，那么当奴隶也要比忍受贫困优越，因为奴隶的所有者即使从精打细算的角度出发，也宁愿为教育有某种才能的奴隶解囊，而不愿意在行乞的孩子身上花钱。在国家制度的范围内，正是奴隶才免除了种类奇多的压迫。押送战俘的人只是由于暂时要担负责

---

① 《马克思恩格斯选集》（第1卷），人民出版社2012年版，第866页。

任才去关心战俘，难道奴隶比战俘更不幸吗？政府派看守去监管苦役犯，难道奴隶比苦役犯更不幸吗？"（马克思在本段中的"有个学派把农奴反抗鞭子——只要鞭子是陈旧的、祖传的、历史的鞭子——的每一声呐喊都宣布为叛乱"，应该就是针对胡果这种言论所进行的批判）"动物本性是人在法律上的特征"。

马克思称胡果为"没有接触到浪漫主义文化的历史学派的自然人"。他对以胡果为代表的历史法学派的这些谬论进行了尖锐批判："历史对这一学派也只是显示了自己的后背"，指的是历史法学派总是从目的论的、主观的选择性的视角对历史进行解读，因此，"如果不是德国历史的杜撰，那就是它杜撰了德国历史"。也就是说，德国历史已经成为历史法学派达到目的的手段。马克思认为，如果人们通过历史中的社会制度，回过头来论证德国现实的独特性、合理性，这除了只能更加强烈地证明德国现实的落后性外，其他一无是处。

实际上，历史法学派的主张是同黑格尔的法哲学观点相对立的。早在1836—1838年，马克思就开始研究历史法学派与黑格尔法哲学之间的分歧和论争。1841年底，马克思着手批判黑格尔的法哲学，同时继续研究历史法学派。在1842年刊载于《莱茵报》上的《历史法学派的哲学宣言》中，马克思已经批判了以胡果为代表的历史法学派荒谬的观点，他指出：胡果是历史学派的鼻祖和创始人，他自称是康德的学生，并把自己的自然法称作康德哲学的支脉。但是，"胡果曲解了自己的老师康德，他认为，因为我们不能认识真实的事物，所以只要不真实的事物存在着，我们就合乎逻辑地承认它完全有效。胡果是一个否认事物的必然本质的怀疑主义者，因此他就像霍夫曼那样对待事物的偶然现象。所以，他根本不想证明，实证的事物是合乎理性的；相反，他力图证明，实证的事物是不合理性的。胡果自鸣得意地竭力从各方面搬出证据，以便证明下列论点是显而易见的，即任何一种合乎理性的必然性都不能使各种实证的制度，例如所有制、国家制度、婚姻等等，具有生命力；这些制度甚至是同理性相矛盾的；人们至多只能在拥护或者反对这些制度的问题上空发议论而已。我们决不应该把这一方法归咎于胡果的偶然的个性，其实这是他的原则的方法，这是历史学派的坦率而天真的、无所顾忌的方法。"在马克思看来，康德哲学是法国革命的德国理论，胡果不但曲解了康德，也背叛了康德。胡果的自然法已经成为法国旧制度的德国理论。实际上，他的真实目的是想通过修订普鲁士的法律来恢复历史上已经过时的制度。马克思指出："胡果亵渎了在正义的、有道德的和政治的人看来是神圣的一切，可是，他破坏这些神圣的事物，只是为了把它们作为历史上的圣人遗物来加以崇敬，他当着理性的面玷辱它们，是为了以后当着历史的面颂扬它们，同时也是为了颂扬历史学派的观点。"最后，马克思批判地指出："诚然，随着时间的推移和文化的发展，历史学派的这棵原生的谱系树已被神秘的烟雾所遮盖；浪漫派用幻想修剪它，思辨又把自己的特性嫁接给它；无数学术果实都从这棵树上被摇落下来，晒干，并且被加以夸大地存放在宽阔的德国学术库房中。可是，实际上只需略加考证，就能够在种种天花乱坠的现代词句后面重新看出我们的旧制度的启蒙思想家的那种龌龊而陈旧的怪想，并在层层浓重的油彩后面重新看出这位启蒙思想家的放荡的陈词滥调。"

"这个夏洛克，却是奴才夏洛克，他发誓要凭他所持的借据，即历史的借据、基督教日耳曼的借据来索取从人民胸口割下的每一磅肉。"实际上，在这里，马克思是借用了莎士比亚的戏剧《威尼斯商人》中的一些用法。《威尼斯商人》第一幕第三场中的故事是围绕"割一磅肉"的"借据"纠纷展开的。剧中有四个重要人物，分别是威尼斯商人安东尼奥，他是一个宽厚为怀、仗义疏财的富商，他经营着海外贸易；犹太人夏洛克，虽然长于威尼斯，却到处遭人排挤，甚至有人骂他是犹太狗和异教徒。这种谩骂也促成了他有着可恶的性格。巴萨尼奥，他是安东尼奥的一位好朋友；再就是继承了万贯家财的白富美鲍西娅。

巴萨尼奥为了向鲍西娅求婚，于是向安东尼奥借三千块金币，但此时安东尼奥的钱已经全部投到了商船上，他自己身上已无钱借给巴萨尼奥。但为了成全巴萨尼奥的好事，于是，安东尼奥便向夏洛克借贷以帮助好友巴萨尼奥。夏洛克答应借三千块金币给安东尼奥，但开出的条件是，需要以安东尼奥那尚未回港的商船作为抵押。此前，夏洛克就对安东尼奥往日有意无意与自己作对耿耿于怀，比如夏洛克因为安东尼奥借钱给人不要利息，影响他的高利贷行业，他还侮辱过自己，所以夏洛克内心非常仇恨安东尼奥。于是，夏洛克想趁与安东尼奥签订借款契约之机设下圈套，伺机报复他。夏洛克利用此机会要求安东尼奥身上的一磅肉代替商船的抵押。在一番口舌之后，安东尼奥答应了，与夏洛克签订了契约。后来，巴萨尼奥顺利地迎娶到了白富美鲍西娅。但不幸的是，安东尼奥的商船却行踪不明，没有了下落，他投在商船上的钱也就打了水漂。这也就意味着他没有了抵押物还给夏洛克。因此，夏洛克将会履行当时与安东尼奥的借贷契约，即要挖取安东尼奥身上的一磅肉。

得知此事后，巴萨尼奥和鲍西娅便假扮成律师来营救安东尼奥，在法庭上，鲍西娅聪明地答应夏洛克可以挖取安东尼奥的任何一磅肉，只是，如果流下一滴血的话（契约上只写了一磅肉，却没有答应给夏洛克任何一滴血），就用他的性命及财产来补赎。最终，鲍西娅打赢了一场开始看起来必输的官司。因此，安东尼奥获救。夏洛克的阴谋最终也没有得逞，并因此还被没收了一半财产，另一半财产则给了安东尼奥。最终，想要害人的夏洛克却害了自己。

之后马克思于1871年写作的《法兰西内战 国际工人协会总委员会宣言》亦用了这个典故："造成彻底崩溃的是，普鲁士的夏洛克手持票据勒索供养他在法国土地上的50万军队的粮饷，要求支付他的50亿赔款，对其中留待以后分期交付的款额加收5%的利息。"[①]此外，恩格斯于1875年3月18—28日写给奥·倍倍尔的信中，也引用了这个典故："我想看看比如您在这种情况下的态度！而如果他们这样做，他们的听众就会向他们喝倒彩。而且我相信，拉萨尔派会死抱住纲领的这些条文不放，就像犹太人夏洛克非要他那一磅肉不可。"

相反，那些好心的狂热者，那些具有德意志狂的血统并有自由思想的人，却到我们史前的条顿原始森林去寻找我们的自由历史。但是，如果我们的自由历史只能到森林中去找，那么我们的自由历史和野猪的自由历史又有什么区别呢？况且谁都知道，在森林中叫唤什么，森林就发出什么回声。还是让条顿原始森林保持宁静吧！

【义释】马克思批判了那些开历史倒车的人，也就是文化复古派，或可称之为德国浪漫主义。在德国近代史上，德国浪漫主义是最为强调"传统"的一股政治力量，一般视为对法国启蒙运动和大革命的反

---

① 《马克思恩格斯文集》（第3卷），人民出版社2009年版，第140页。

动，①以赛亚·伯林在其《浪漫主义的根源》里视欧洲范围内的浪漫主义为一种反启蒙运动的思潮。萨弗兰斯基则直接声称一些德国人把"中世纪城市、森林、古堡废墟……神化为德国浪漫主义的圣地"②，马克思把这部分人讽刺为"具有德意志狂的血统并有自由思想的人"真可谓一针见血。

条顿人（Teutones）是古代日耳曼人中的一个分支，公元前4世纪时大致分布在易北河下游的沿海地带，后来逐步和日耳曼其他部落融合。后世常以条顿人泛指日耳曼人及其后裔，或是直接以此称呼德国人。

马克思对这种自然法学派是持批判态度的。除了德国浪漫主义以外，在思想史上，卢梭曾高呼"返回自然"这一口号，他主张人类应该返回到"一棒子打晕拖回山洞"的原始社会。对这种卢梭式的自然法学派进行过批判的还有伏尔泰和尼采（《偶像的黄昏》）。如1755年，卢梭出版《论人类不平等的起源和基础》并将它寄给伏尔泰。伏尔泰评论道："我收到了你的反人类的新书，谢谢你。在使我们都变得愚蠢的计划上面运用这般聪明灵巧，还是从未有过的事。读尊著，人一心向往四脚走路。但是，由于我已经把那种习惯丢了六十多年，我很不幸，感到不可能再把它捡回来了。"

马克思对这种自然法学派的批判并不是目的本身，而是想通过这种批判剑指那些开历史倒车的人。他们逆时代潮流而动，对专横暴戾的封建制度进行颠倒黑白的装点和美化。这种装点和美化，对于已经发动过资产阶级革命的英法两国而言，会造成反革命和复辟的危险，而对于没

---

① 韩水法：《对德意志浪漫主义的若干现代反思》，《社会科学战线》2023年第11期。

② ［德］吕迪格尔·萨弗兰斯基：《荣耀与丑闻——反思德国浪漫主义》，卫茂平译，上海人民出版社2014年版，第110页。

有发生资产阶级革命的德国而言，那就是在为既有的反动封建政权的合理性进行论证。

马克思在这里所谓的"到我们史前的条顿原始森林去寻找我们的自由历史"，这样的所谓自由观仅仅将自由引导到了前社会个体自由上去，即主张生物性意义上的自由。这帮自然法学派甚至比封建的普鲁士专制统治者还要落后，他们对过去充满了幻想，根本不承认现代意义上的自由，而是要回到野猪的那种自由。同时，也指向了马克思在《关于林木盗窃法的辩论》里曾批判过的"精神的动物王国"，即"不自由的世界要求不自由的法，因为这种动物的法是不自由的体现，而人类的法是自由的体现。封建制度就其最广泛的意义来说，是精神的动物王国，是被分裂的人类世界，它和有区别的人类世界相反，因为后者的不平等现象不过是平等的色彩折射而已"。

> 向德国制度开火！一定要开火！这种制度虽然低于历史水平，低于任何批判，但依然是批判的对象，正像一个低于做人的水平的罪犯，依然是刽子手的对象一样。在同这种制度进行的斗争中，批判不是头脑的激情，它是激情的头脑。它不是解剖刀，它是武器。它的对象是自己的敌人，它不是要驳倒这个敌人，而是要消灭这个敌人。因为这种制度的精神已经被驳倒。这种制度本身不是值得重视的对象，而是既应当受到鄙视同时又已经受到鄙视的存在状态。对于这一对象，批判本身不用自己表明什么了，因为它对这一对象已经清清楚楚。批判已经不再是目的本身，而只是一种手段。它的主要情感是愤怒，它的主要工作是揭露。

【义释】不同于历史法学派和自然法学派对德国封建专制制度的辩护，马克思斩钉截铁地指出："向德国制度开火！一定要开火！"为什么要向德国制度开火？第一，因为德国的封建专制制度是腐朽的，这种"政府制度是靠维护一切卑劣事物为生的，它本身无非是以政府的形式表现出来的卑劣事物"。第二，通过向德国制度开火，可以唤起德国人民反抗封建专制制度的勇气。第三，为了防止现代政治的悲剧性倒退，因为"德国现状是旧制度的公开的完成，而旧制度是现代国家的隐蔽的缺陷。对当代德国政治状况作斗争就是对现代各国的过去作斗争，而对过去的回忆依然困扰着这些国家"。像历史法学派的胡果等，还在误导各国人民，努力地证明旧制度的合理性。

"它的对象是自己的敌人，它不是要驳倒这个敌人，而是要消灭这个敌人。"这句话展现了马克思革命者的姿态。如果要驳倒敌人，仅仅批判就够了，但要消灭敌人，批判仅仅是一个开始。批判是为揭露，而揭露则是为动员，而如果要动员，那么愤怒则是一种可资利用的力量。

在马克思看来，尽管德国的政治制度落后于同时代的西欧各国，但不能因为它的落后就不加以批判，它仍旧是批判的对象。在一定意义上，经过革命洗礼后的英国和法国的现实存在本身就是对德国旧制度的一种批判。就好像后来苏联的存在本身就是对欧洲旧制度的一种批判一样。同时，不但要无情地批判德国这个落后的旧制度，还要向它开火以无情地消灭这种落后的旧制度。马克思这里几乎是直接发出了革命的号召。对这个对象的批判在理论上的证明已经非常清楚了，不需要再加以论证和证明。它的主要情感是愤怒，它的主要工作是揭露，揭露什么呢？这一工作由谁来承担呢？承担这个任务的人有什么特质呢？马克思在下一段对此进行了阐明。

这是指描述各个社会领域相互施加的无形压力，描述普遍无所事事的沉闷情绪，描述既表现为自大又表现为自卑的狭隘性，而且要在政府制度的范围内加以描述，政府制度是靠维护一切卑劣事物为生的，它本身无非是以政府的形式表现出来的卑劣事物。

【义释】虽然马克思这里还没有明确指出，但却指明了方向，即从对宗教的揭露转移到了社会领域中的揭露。而在社会领域中，首要的是要描述"各个社会领域相互施加的无形压力"，后面马克思会对此加以详细说明。而对待政府，马克思毫不客气地指出"政府制度是靠维护一切卑劣事物为生的，它本身无非是以政府的形式表现出来的卑劣事物"。这种观点离洛克以及黑格尔的观点相差之大简直令人惊讶。

这是一幅什么景象呵！社会无止境地继续分成各色人等，这些心胸狭窄、心地不良、粗鲁平庸之辈处于互相对立的状态，这些人正因为相互采取暧昧的猜疑的态度而被自己的统治者一律——虽然形式有所不同——视为特予恩准的存在物。甚至他们还必须承认和首肯自己之被支配、被统治、被占有全是上天的恩准！而另一方面，是那些统治者本人，他们的身价与他们的人数则成反比！

【义释】这一段，主要描述了奴性成瘾的德国社会各阶级万象。马克思还说明了前面所谓的"各个社会领域相互施加的无形压力"源自何处，即统治者和被统治者的不平等。同时，还表达了对被统治的公众"恨铁不成钢"的感慨。这些公众大都患上了"斯德哥尔摩综合征"，他们信奉的是"奴才哲学"，他们心甘情愿地像驽马一样臣服于统治者，他们认为，他们的被支配、被统治、被占有都是得益于统治者的施舍和恩准。他们甚至还会去为统治者的政治统治合法性做论证，他们患上了马尔库塞所谓的"异化的平方"的病症。统治阶级会以爱国主义的名义来教育被统治阶级，最终却充当了统治阶级的炮灰。注意，马克思这里用了三个词：被支配、被统治、被占有。

柏拉图在《理想国》里说的，"一个国家样式的方方面面都隐含在它的人民中间"，简单地说就是，有什么样的人民，就有什么样的政府。在《路德维希·费尔巴哈和德国古典哲学的终结》中，恩格斯也表达了这样的意思，他指出："如果说它在我们看来终究是恶劣的，而它尽管恶劣却继续存在，那么，政府的恶劣可以从臣民的相应的恶劣中找到理由和解释。当时的普鲁士人有他们所应得的政府。"[1]

"那些统治者本人，他们的身价与他们的人数则成反比"指的是德意志专制集权的特点，社会上大量的财富和政治权利都集中在这些少数人手中，他们站在金字塔的塔尖。这与后来马克思、恩格斯所批判的英雄史观是相对应的。统治阶级为了维护本阶级的利益，将无数的人民群众视为历史的齑粉，他们宣扬英雄史观，贬低人民群众的历史作用，仿佛历史只是由少数统治阶级的少数人创造的，少到集中表现为一个人、一个"英雄"，这就是极权国家的本来面目。

---

[1] 《马克思恩格斯文集》（第4卷），人民出版社2009年版，第268页。

涉及这个内容的批判是搏斗式的批判；而在搏斗中，问题不在于敌人是否高尚，是否旗鼓相当，是否有趣，问题在于给敌人以打击。问题在于不让德国人有一时片刻去自欺欺人和俯首听命。应当让受现实压迫的人意识到压迫，从而使现实的压迫更加沉重；应当公开耻辱，从而使耻辱更加耻辱。应当把德国社会的每个领域作为德国社会的羞耻部分〔partie honteuse〕加以描述，应当对这些僵化了的关系唱一唱它们自己的曲调，迫使它们跳起舞来！为了激起人民的勇气，必须使他们对自己大吃一惊。这样才能实现德国人民的不可抗拒的要求，而各国人民的要求本身则是能使这些要求得到满足的决定性原因。

【义释】这一段有点像战斗的宣言和檄文。马克思在这里指出，要激发唤醒德国人的主体性或者阶级意识，要意识到和自觉到自己在被剥削和压迫，主动去摘取"真实的花朵"。因为统治阶级通常会用意识形态来麻痹人民，让人民感觉到自己被统治和压迫是幸福的，且他们的幸福是得益于统治阶级的，进而让被统治阶级对统治阶级表现出感恩戴德。马克思在这里所用的"自欺欺人""意识到""公开耻辱"等几个词，都与统治阶级用宗教或意识形态对人民的麻痹相关。马克思认为，哲学的任务就是要拨云见日。

为什么马克思在这里指出"应当把德国社会的每个领域作为德国社会的羞耻部分加以描述，应当对这些僵化了的关系唱一唱它们自己的曲调，迫使它们跳起舞来"？可以从差不多与《导言》同一时期马克思写给卢格的信（1843年3月）中找到答案，马克思指出："这也是一种启示，虽然是反面的启示。这是事实，它至少教我们认识到我们的爱国主义的空洞和国家制度的畸形，使我们掩面知耻。您会笑着问我：这样做有什么好处呢？知耻干不了革命。我的回答是：羞耻已经是一种革命；羞耻实际上是法国革命对1813年曾战胜过它的德国爱国主义的胜利，羞耻是一种内省的愤怒。如果整个民族真正感到了羞耻，它就会像一头蜷身缩爪、准备向前扑去的狮子。我承认，德国现在甚至还没有感到羞耻，相反，这些可怜虫还是爱国者。"①

"激起人民的勇气，必须使他们对自己大吃一惊"，既意味着在"拨云见日"之后，让人民"大吃一惊"于自己的现实困境，让人民意识到自己的生存来源不是统治阶级的恩赐，而是自己应得的权利，是自己的劳动成果，而不是他人的所有物，同时，也意味着让人民"大吃一惊"于自己的"力量"，让人民确信只有自己才是历史的主体。让人民越来越充满自信，只要被剥削阶级团结起来，就一定能推翻统治阶级。同时，也可以通过这种"大吃一惊"，在群众中激起瞬间的狂热，呼唤起高涨的革命热情。

　　甚至对现代各国来说，这种反对德国现状的狭隘内容的斗争，也不会是没有意义的，因为德国现状是旧制度［ancien régime］的公开的完成，而旧制度是现代国家的隐蔽的缺陷。对当代德国政治状况作斗争就是对现代各国的过去作斗争，而对过去的回忆依然困扰着这些国家。这些国家如果看到，在它们那里经历过自己的悲剧的旧制度，现在又作为德国的幽灵在

---

① 《马克思恩格斯文集》（第10卷），人民出版社2009年版，第5页。

演自己的喜剧，那是很有教益的。当旧制度还是有史以来就存在的世界权力，自由反而是个人突然产生的想法的时候，简言之，当旧制度本身还相信而且也必定相信自己的合理性的时候，它的历史是悲剧性的。当旧制度作为现存的世界制度同新生的世界进行斗争的时候，旧制度犯的是世界历史性的错误，而不是个人的错误。因而旧制度的灭亡也是悲剧性的。

【义释】"甚至对现代各国来说，这种反对德国现状的狭隘内容的斗争，也不会是没有意义的，因为德国现状是旧制度［ancien régime］的公开的完成，而旧制度是现代国家的隐蔽的缺陷。"在马克思看来，英国和法国都曾经历过这种旧制度，即使经历了资产阶级革命，但是，这种旧制度总还是会以各种形式存在着，甚至依然会有复辟的危险，比如英国保留了君主制，君主已经隐藏起了自己锋利的獠牙，从"老虎"变成了"猫咪"，但是这并不代表没有人不怀念过去。同时，这里马克思还有一些黑格尔哲学的影子。黑格尔的辩证法总是喜欢用正、反、合（或称为"自在"、"自为"和"自在自为"）三段论的方式进行论证，如他的花蕾、花朵和果实的隐喻，幼年、青少年和中年，存在论、本质论和概念论，以及家庭、市民社会和国家等。花朵对花蕾进行否定，果实对花朵进行否定，但果实还以一种隐蔽的方式蕴藏着花蕾和花朵。青少年是对幼年的否定，中年是对青少年的否定，幼年是懵懂无知的，青少年是偏激叛逆的，而中年则是稳重成熟的，青少年时代的某些偏激叛逆的性格尽管已经被克服了，但是它还有可能以一种隐藏的方式保存到中年时代。同样，现代国家既是对封建专制制度的否定和克服，同时在前者之中也蕴藏着后者。因而马克思在这里讲，这可能会成为

"现代国家的隐蔽的缺陷"。不仅活人使他们受苦，死人也使他们受苦，死人一直都抓着活人。"德国现状是旧制度的公开的完成"，不仅表明了德国的封建专制制度的完善性、典型性，同时，也表明了它的顽固性、严重性。

马克思在这里指出："这些国家如果看到，在它们那里经历过自己的悲剧的旧制度，现在又作为德国的幽灵在演自己的喜剧，那是很有教益的。"在这里，马克思用到了悲剧和喜剧的隐喻。在1843年3月马克思写给卢格的信中也有类似的说法："如果不是这位新骑士的这种可笑的制度，难道还有什么制度能打消这些可怜虫的爱国主义吗？在我们面前上演的这场专制制度的喜剧，对他来说就像当年斯图亚特王朝和波旁王朝发生的悲剧一样危险。就算人们长期不明白这场喜剧究竟是怎么回事，它毕竟已经可以算是一场革命了。国家是十分严肃的东西，要它演什么滑稽剧是办不到的。"①实际上，马克思是借用了黑格尔在《历史哲学》中关于"喜剧"和"悲剧"的说法。黑格尔说："一切伟大的世界历史事变和人物，可以说都出现两次，第一次是作为悲剧出现，第二次是作为喜剧出现。"

为什么第一次是悲剧的？

第一，当旧制度第一次被推翻的时候，很多人还不能完全意识到它已经失去了历史必然性。无论从意识上，还是潜意识方面来讲，人们都是对过去恋恋不舍的。同时，作为"先知先觉"的新生力量也不能完全被人们理解，与这种历史必然性的诀别必定是一个痛苦的过程。

第二，旧的东西自觉不到自己丧失了必然性，因此它肯定会垂死挣

---

① 《马克思恩格斯文集》（第10卷），人民出版社2009年版，第6页。

扎。旧的保守的力量还非常强大，它凶神恶煞、青面獠牙、张牙舞爪，它会歇斯底里地霸守在历史舞台上，而符合历史必然性的新的力量还相对比较弱小，它们就像一个在襁褓中的婴儿，或者像一烛有待燎原的星火，因此必须用一种激烈的方式来与这种旧制度告别，这场告别必将会是一场殊死搏斗，必将会有流血牺牲。因此，这种告别必定是悲剧性的。在这个意义上，莱茵河彼岸的法国大革命中，旧制度是以悲剧的方式退场的。恩格斯在《路德维希·费尔巴哈和德国古典哲学的终结》中是这样讲的："在发展进程中，以前一切现实的东西都会成为不现实的，都会丧失自己的必然性、自己存在的权利、自己的合理性；一种新的、富有生命力的现实的东西就会代替正在衰亡的现实的东西——如果旧的东西足够理智，不加抵抗即行死亡，那就和平地代替；如果旧的东西抗拒这种必然性，那就通过暴力来代替。"①

　　当然，无论黑格尔还是马克思关于"悲剧"的用法都是与希腊的悲剧文化息息相关的。希腊人讲的悲剧与我们中国文化中的悲剧有很大差异，我们的悲剧背后的那条主线更大程度上指的是"善人无善报"，以及人生道路的曲折与坎坷，如关汉卿的《窦娥冤》、纪君祥的《赵氏孤儿》等。而西方悲剧的主题更多指的是命运悲剧，无论是人还是神都无法摆脱自己的命运，尽管人和神都在不断地进行抗争，如《俄狄浦斯王》中的俄狄浦斯弑父娶母，却毫不自知；再如希腊三代神之间代替问题的命运。总之，我们大体可以将西方悲剧中的"命运"的主题理解为

---

① 《马克思恩格斯文集》（第4卷），人民出版社2009年版，第269页。

"历史必然性"（在后文中，我们还会提到）。①

为什么第二次是喜剧的呢？

马克思在后面一段中接着做了说明。"当旧制度还是有史以来就存在的世界权力，自由反而是个人突然产生的想法的时候，简言之，当旧制度本身还相信而且也必定相信自己的合理性的时候，它的历史是悲剧性的。当旧制度作为现存的世界制度同新生的世界进行斗争的时候，旧制度犯的是世界历史性的错误，而不是个人的错误。"也就是说，当旧制度的存在还具有历史必然性的时候，自由还是一种奢侈品，它只是那些先知先觉者的零星的突发奇想。但是，当新制度已经成为必然，旧制度已经失去了它存在的历史必然性的时候，旧制度同新制度进行斗争的时候，旧制度犯的是世界历史性的错误，而不是个人的错误。这时候，从表象上看，好像是哪个人想恢复旧制度，但是这个人只是那种代表旧制度必然性的时代精神的化身，没有这个人犯错误，也会有另一个人出来犯错误，因此，这个错误根本就不是个人的错误，而是具有必然性的。正如后来1894年恩格斯致瓦尔特·博尔吉乌斯的信中所言："在所有这样的社会里，都是那种以偶然性为其补充和表现形式的必然性占统治地位。在这里通过各种偶然性来为自己开辟道路的必然性，归根到底

---

① 这个地方，要注意中西悲剧主题的差异。复旦大学的马拥军教授是这样解读马克思在这里所说的"悲剧"的，他指出："为了得到自我意识，人类需要经历正、反、合三个阶段。如果把时间、空间比作一个舞台，把历史比作舞台上的戏剧，那么，第一幕是悲剧，最后一幕则是喜剧。每个人都既是剧作者，又是剧中人。自己的戏自己演，内中甘苦只有自己知道。悲剧意味着你是正确的，但旧势力却比你强大得多，所以鲁迅说过，悲剧就是把美好的东西毁灭给人看。中间一幕是正剧，善有善报，恶有恶报。最后一幕是喜剧。这时候旧制度的唯一作用是小丑般的娱乐功能。在下一段中，马克思明确提出，德国制度演的正是这样的喜剧。"笔者认为，马教授混淆了中西方悲剧的主题，用中国文化来解读黑格尔和马克思使用的"悲剧"概念。同样容易出错的地方还有前文中出现的"宗教鸦片论"。

仍然是经济的必然性。这里我们就来谈谈所谓伟大人物问题。恰巧某个伟大人物在一定时间出现于某一国家，这当然纯粹是一种偶然现象。但是，如果我们把这个人去掉，那时就会需要有另一个人来代替他，并且这个代替者是会出现的，不论好一些或差一些，但是最终总是会出现的。恰巧拿破仑这个科西嘉人做了被本身的战争弄得精疲力竭的法兰西共和国所需要的军事独裁者，这是个偶然现象。但是，假如没有拿破仑这个人，他的角色就会由另一个人来扮演。这一点可以由下面的事实来证明：每当需要有这样一个人的时候，他就会出现，如凯撒、奥古斯都、克伦威尔等等。如果说马克思发现了唯物史观，那么梯叶里、米涅、基佐以及1850年以前英国所有的历史编纂学家则表明，人们已经在这方面做过努力，而摩尔根对于同一观点的发现表明，发现这一观点的时机已经成熟了，这一观点必定被发现。"

相反，现代德国制度是时代错乱，它公然违反普遍承认的公理，它向全世界展示旧制度毫不中用；它只是想象自己有自信，并且要求世界也这样想象。如果它真的相信自己的本质，难道它还会用一个异己本质的假象来掩盖自己的本质，并且求助于伪善和诡辩吗？现代的旧制度不过是真正主角已经死去的那种世界制度的丑角。历史是认真的，经过许多阶段才把陈旧的形态送进坟墓。世界历史形态的最后一个阶段是它的喜剧。在埃斯库罗斯的《被缚的普罗米修斯》中已经悲剧性地因伤致死的希腊诸神，还要在琉善的《对话》中喜剧性地重死一次。为什么会出现这样的历史进程呢？这是为了人类能够愉快地同自己的过去诀别。我们现在为德国政治力量争取的也正是这样一个愉快的历史结局。

【义释】在这里，中文版中，有的翻译成"笑剧"，有的翻译成"喜剧"。如马克思后来在《路易·波拿巴的雾月十八日》中，也做过类似的阐述，他写道："黑格尔在某个地方说过，一切伟大的世界历史事变和人物，可以说都出现两次。他忘记补充一点：第一次是作为伟大的悲剧出现，第二次是作为卑劣的笑剧出现。"紧接着上面的话，马克思又说："科西迪耶尔代替丹东，路易·勃朗代替罗伯斯庇尔，1848—1851年的山岳党代替1793—1795年的山岳党，侄子代替伯父。在使雾月十八日事变得以再版的种种情况中，也可以看出一幅同样的漫画！"所谓的"侄子代替伯父"，显然是路易·波拿巴和他的伯父拿破仑·波拿巴。马克思做这样一个比较的目的是想讽刺和揭露路易·波拿巴这个平庸而可笑的小丑，指出他的所作所为不过是一场"笑剧"。为什么会出现这样的情况呢？马克思紧接着说："人们自己创造自己的历史，但是他们并不是随心所欲地创造，并不是在他们自己选定的条件下创造，而是在直接碰到的、既定的、从过去承继下来的条件下创造。一切已死的先辈们的传统，像梦魇一样纠缠着活人的头脑。当人们好像刚好在忙于改造自己和周围的事物并创造前所未闻的事物时，恰好在这种革命危机时代，他们战战兢兢地请出亡灵来为他们效劳，借用它们的名字、战斗口号和衣服，以便穿着这种久受崇敬的服装，用这种借来的语言，演出世界历史的新的一幕。"

为什么第二次是以"笑剧"的形式出现？因为同样的事物第二次出现的时候，人们并不会像第一次那样无法自觉到它存在的历史必然性与不合理性。就像1843年的德国，当时各国已经都完成了资产阶级革命这出"正剧"（也是"悲剧"），而德国还在封建社会中挣扎，它已经是一个完全不合时宜的存在，它只是"正剧"之后的一个"彩蛋"，或者供大家娱乐的"广告时间"。因此要对它进行直接的否定和消灭，因为它的存在之无根据已经成为敞露的公开事实。德国的政治制度已经完全成为腐朽的东西，已经不符合世界发展的潮流，甚至可以将它放到历史博物馆，但是它还在倒行逆施，还在拉大旗作虎皮，还在强装自信、强行诡辩，还在用各种说辞为自己的合法性呐喊，还想像自己的先辈一样站在高处让人民高呼万岁，殊不知，它的虚伪性已昭然若揭，这样的举动，除了能证明自己毫不中用，只能沦为历史的笑柄。

希腊神话中有这样的故事，乌拉诺斯（第一代神王）曾通过强行将子嗣塞回大地盖亚的体内的方式阻止第二代神崛起，但最终却被其子二代神王克洛诺斯推翻。克洛诺斯则想将三代神宙斯吞到肚子里，以扼杀第三代神。历史的车轮滚滚向前，无论是人，还是神都改变不了历史发展的必然性。新事物取代旧事物也是必然的，但新事物战胜和代替旧事物有一个过程，这个过程中充满曲折，甚至会出现复辟。尽管旧事物也知道自己大势已去，已经不符合时代的潮流，已经退到舞台的边缘甚至要被踢出历史舞台，但是旧事物不会心甘情愿地被代替，因此，它会不遗余力地粉饰太平、歌功颂德，它会"借用它们的名字、战斗口号和衣服，以便穿着这种久受崇敬的服装，用这种借来的语言，演出世界历史的新的一幕"。历史上这样的事情确实屡见不鲜，这样的人要么就是真的傻，要么就是真的坏。说他真的傻，是说他根本意识不到历史发展的必然性；说他真的坏，是说他明知大势已去却还在装傻充愣。但无论是傻也罢，坏也罢，他所演绎的都只是一出喜剧。新时代的序幕早已经拉开，但它仍像一个想努力挤到舞台中央的小丑，重新演绎一出"皇帝的新装"。这出戏剧只是历史的一次回光返照，这次回光返照只是"为了人类能够愉快地同自己的过去诀别"。后来马尔库塞在这句话后面又补充了一句："第二次出现的喜剧比第一次的悲剧更可悲。"

实际上，中国历史上也不乏这样的喜剧，例如袁世凯企图复辟帝制，自己当皇帝，并于1916年称帝登基，但遭到举国上下的一致反对，结果他只做了83天皇帝，最终在一片骂声中去世。

可是，一旦现代的政治社会现实本身受到批判，即批判一旦提高到真正的人的问题，批判就超出了德国现状，不然的话，批判就会认为自己的对象所处的水平低于这个对象的实际水平。下面就是一个例子！工业以至于整个财富领域对政治领域的关系，是现代主要问题之一。这个问题开始是以何种形式引起德国人的关注的呢？以保护关税、禁止性关税制度、国民经济学的形式。德意志狂从人转到物质，因此，我们的棉花骑士和钢铁英雄也就在某个早晨一变而成爱国志士了。所以在德国，人们是通过给垄断以对外的统治权，开始承认垄断有对内的统治权的。可见，在法国和英国行将完结的事物，在德国现在才刚刚开始。这些国家在理论上激烈反对的、然而却又像戴着锁链一样不得不忍受的陈旧腐朽的制度，在德国却被当做美好未来的初升朝霞而受到欢迎，这个美好的未来好不容易才敢于从狡猾的理论向最无情的实践过渡。在法国和英国，问题是政治经济学，或社会对财富的统治；在德国，问题却是国民经济学，或私有财产对国民的统治。因此，在法国和英国是要消灭已经发展到终极的垄断；在德国却要把垄断发展到终极。那里，正涉及解决问题；这里，才涉及冲突。这个例子充分说明了德国式的现代问题，说明我们的历史就像一个不谙操练的新兵一样，到现在为止只承担着一项任务，那就是补习操练陈旧的历史。

【义释】国民经济学是当时德国人对英国人和法国人称作政治经济学的资产阶级政治经济学采用的概念。德国人认为政治经济学是一门系统地研究国家应该采取哪些措施和手段来管理、影响、限制和安排工业、商业和手工业，从而使人民获得最大福利的科学。因此，政治经济学也被等同于国家学（Staatswissenschaft）。英国经济学家亚当·斯密认为，政治经济学是关于物质财富的生产、分配和消费的规律的科学。随着斯密主要著作的问世及其德译本的出版，在德国开始了一个改变思想的过程。有人认为可以把斯密提出的原理纳入德国人界定为国家学的政治经济学。另一派人则竭力主张把两者分开。路·亨·冯·雅科布和尤·冯·索登在1805年曾作了两种不同的尝试，但都试图以一门独立的学科形式来表述一般的经济学原理，并都称其为"国民经济学"。[1]

莱茵河彼岸的法国经历了大革命，由此带来了现代国家、国民经济学、私有财产制度，以及一系列的资产阶级法权，所有这些都是英法等现代国家已经涉及过的问题，而德国并没有赶上这一波"红利"。此时，在德国这些即将涉及，它们成为规定眼前德国现实的重要条件。在这里，马克思以政治经济学为例指出了英国、法国与德国发展阶段的错

---

[1] 《马克思恩格斯选集》（第1卷），人民出版社2012年版，第867页。

位。"在法国和英国，问题是政治经济学，或社会对财富的统治。"马克思这里说政治经济学主张社会对财富的统治，意指英法的空想社会主义学说，特别是以圣西门为代表。至于"国民经济学，或私有财产对国民的统治"这个理论发展阶段在英国和法国已经经历过了，而德国却正在补课，并将此作为追求的目标。政治经济学以自由贸易为首要原则，当它传入德国时，却会发生微妙变化。结果德国学了半天，却是东施效颦，学了个寂寞。德国作为后发国家，无法与工业革命的国家相抗衡，必须发展垄断形式的民族工业。那么这样的一种政治经济学就转变形成一种国民经济学。

马克思在这里讲，"一旦现代的政治社会现实本身受到批判，即批判一旦提高到真正的人的问题"，即现代的政治社会的批判的立脚点就是"人的高度"。

随着资本主义的发展，法国已经于1831年11月21日到1834年4月13日在里昂发生了两次丝织工人起义，工人们气愤地指出："我们摆脱了世袭贵族的束缚，却沦于金融贵族的压迫之下。我们赶走了有称号的暴君，却遭受着百万富翁的统治。"他们的标语是："工人不能生活，毋宁战斗而死！"这一时期，法国工人的阶级意识已经觉醒，他们意识到工人阶级的利益和资产阶级的利益是根本对立的，必须为自身的阶级利益与资产阶级展开斗争。此时，在欧洲大陆的彼岸，英国工人阶级展开了持续十余年的宪章运动，在运动中，他们要求取得普选权，以便有机会参与国家的管理。"普选权问题是饭碗问题"，工人阶级希望通过政治变革来提高自己的经济地位。宪章运动标志着英国无产阶级开始作为一支独立的政治力量登上了历史舞台，揭开了同资产阶级争夺政治权力的斗争的序幕。

通过这样的对比分析，马克思认为，如果德国进行资产阶级革命，那就只是在"补习操练陈旧的历史"。因此，马克思认为，德国的革命不仅要批判当前的封建制度，还要批判这种封建制度的抽象发展，也就是德国的资产阶级哲学。

因此，假如德国的整个发展没有超出德国的政治发展，那么德国人对当代问题的参与程度顶多也只能像俄国人一样。但是，既然单个人不受国界的限制，那么整个国家就不会因为个人获得解放而获得解放。希腊哲学家中间有一个是西徐亚人，但西徐亚人并没有因此而向希腊文化迈进一步。

我们德国人幸而不是西徐亚人。

【义释】马克思在这里指的西徐亚人是哲学家阿那卡雪斯。西徐亚人亦称斯基泰人，是古代黑海北岸古国西徐亚王国的居民，最早属于中亚细亚北部的游牧部落。约公元前7世纪，伊朗族的西徐亚人由东方迁入并征略小亚细亚等地。西徐亚人生性强悍，善于骑射；他们以氏族部落为其社会基础，没有自己的文字。[①]

马克思在这里想要表达的是，虽然在西徐亚人中出现了一位希腊哲学家，但整个西徐亚人却没有受到希腊文化和希腊哲学的浸染而摆脱野蛮状态。而德国不同于西徐亚，因为德国哲学的发展并不完全依赖德国政治文化的发展，在很多时候它是以英法政治文化和社会状况的发展作为自己的基础，因此德国人不会像古代的西徐亚人那样，虽受到外来文

---

① 《马克思恩格斯选集》（第1卷），人民出版社2012年版，第867页。

化的浸染和社会进步的影响却无法摆脱野蛮状态。从表面上看，德国的落后并不会因为个别人的进步性而改观。但是，德国曾经有过辉煌的过去，他们曾经率先发起新教改革，现在在法哲学方面又是领先于时代的。尽管德国在经济方面不如英国、在政治方面不如法国，但在文化方面它却是领先于时代的。尽管英国人拥有海洋，法国人拥有陆地，但是德国人拥有天空——思想的天空。这是德国唯一的希望。这也是为什么马克思在《导言》中以宗教批判作为开始的原因之一。

"那么德国人对当代问题的参与程度顶多也只能像俄国人一样。"俄国在政治和经济方面都非常落后，农奴制和沙皇专制统治严重阻碍了俄国的工业化进程，它已经逐渐成为欧洲一切落后势力、反动势力的堡垒。因此，俄国不应该是德国模仿的对象。

正像古代各民族是在想象中、在神话中经历了自己的史前时期一样，我们德国人在思想中、在哲学中经历了自己的未来的历史。我们是当代的哲学同时代人，而不是当代的历史同时代人。德国的哲学是德国历史在观念上的延续。因此，当我们不去批判我们现实历史的未完成的著作［œuvres incomplètes］，而来批判我们观念历史的遗著［œuvres posthumes］——哲学的时候，我们的批判恰恰接触到了当代所谓的问题之所在［that is the question］的那些问题的中心。在先进国家，是同现代国家制度实际分裂，在甚至不存在这种制度的德国，却首先是同这种制度的哲学反映批判地分裂。

【义释】"我们德国人在思想中、在哲学中经历了自己的未来的历史。我们是当代的哲学同时代人，而不是当代的历史同时代人。"尽管德国在政治和经济上是落后于英法两国的，但是，德国人在哲学上的发展却是超前于自己的时代的，德国人在哲学上与英法是同时代的人，而不是当代的历史同时代人。1789年法国大革命，英国于1765年进行了工业革命，而康德的三大批判完成于1781年。海涅曾将罗伯特·皮尔视为康德思想在现实中的完成，而拿破仑则是费希特哲学在现实中的完成。他指出："有一次，我在把法国革命和德国哲学作比较时，与其说认真不如说诙谐地拿费希特作了一个比较。但事实上，在他们二人中间确也有显著的类似性。康德学派完成了恐怖主义的破坏工作之后，出现了费希特，这就像国民议会用一种纯粹的理性批判摧毁了整个旧时代之后，出现了拿破仑一样。拿破仑和费希特都代表着这个伟大的、严酷的自我，在这个自我之中思想和行动是统一的。而他们二人各自构成的庞大建筑，表明了一个巨大的意志。然而那些建筑却由于这个意志的无限性而立刻坍毁了，因此《知识学》像拿破仑帝国一样建立得快，土崩瓦解得也一样快。方今拿破仑帝国已经成了历史，但皇帝拿破仑带到世界上来的运动却一直还没有静止，我们现代还靠这个运动而具有生气。费希特哲学也是这样，它已经完全没落了，然而思想家们仍受到费希特提出的思想的鼓舞，他的言论的后果是不可估量的，即便全部先验唯心主义是一种迷妄，在费希特的著作中仍然还有着一种高傲的独立性，一种对自由的爱，一种大丈夫气概，而这些，特别对于青年，是起着有益的影响的。"[①]实际上，正是这种哲学的超前性可以给德国提供一个激进革命的机会。

---

① ［德］亨利希·海涅：《论德国宗教和哲学的历史》，海安译，商务印书馆2016年版，第122—123页。

在《第179号"科伦日报"社论》中，马克思指出："哲学，尤其是德国的哲学，喜欢幽静孤寂、闭关自守并醉心于淡漠的自我直观；所有这些，一开始就使哲学同那种与它格格不入的报纸的一般性质——经常的战斗准备、对于急需报道的耸人听闻的当前问题的热情关心对立起来。从哲学的整个发展来看，它不是通俗易懂的；它那玄妙的自我深化在门外汉看来正像脱离现实的活动一样稀奇古怪；它被当做一个魔术师，若有其事地念着咒语，因为谁也不懂得他在念些什么。"①实际上，不只是德国的哲学，在近代以前，特别是在伽利略之前，欧洲的传统从来都是，哲学一定要与现实保持一定的距离。也就是说，哲学就是一种崇高的精神生活，人们思考哲学并不是为了某种实际目的，相反，那种为了其他目的而将哲学实用化、功用化的做法是非常受到鄙视的。如亚里士多德把知识分为三类：经验知识（empeiria）、技术知识（techne）和理论知识（episteme）。他认为，只有理论知识才是最高贵的。而只有像奴隶（比如奴隶在柏拉图、亚里士多德的时代被称为"读书人"，他们只是充当读书的工具）和智者学派那样的人才会从事实用化的哲学研究。这种哲学非实用化的观点一直到了近代的伽利略才得以扭转。罗素在《西方哲学史》中是这样讲的："欧几里得几何学是鄙视实用价值的，这一点早就被柏拉图所谆谆教诲过。在希腊时代没有一个人会想象到圆锥曲线是有任何用处的。最后到了十七世纪伽利略才发现抛射体是沿着抛物线而运动的，而开普勒则发现行星是以椭圆而运动的。于是，希腊人由于纯粹爱好理论所做的工作，就一下子变成了解决战术学与天文学的一把钥匙了。"西方的这种文化与我们中国的文化

---

① 《马克思恩格斯全集》（第1卷），人民出版社1956年版，第120页。

存在极大差异。

海涅承袭了伽利略以来的这种哲学功用化的文化。在《论德国宗教和哲学的历史》中最早提出了这种哲学革命可以作为政治革命的前导性观点。海涅的这种观点对青年黑格尔派的影响比较大，当然，也对马克思恩格斯影响比较大。在《路德维希·费尔巴哈和德国古典哲学的终结》中，恩格斯对此也有一段回顾，他指出："正像在18世纪的法国一样，在19世纪的德国，哲学革命也作了政治变革的前导。但是这两个哲学革命看起来是多么不同啊！法国人同整个官方科学，同教会，常常也同国家进行公开的斗争；他们的著作在国外，在荷兰或英国印刷，而他们本人则随时都可能进巴士底狱。相反，德国人是一些教授，一些由国家任命的青年的导师，他们的著作是公认的教科书，而全部发展的最终体系，即黑格尔的体系，甚至在某种程度上已经被推崇为普鲁士王国的国家哲学！在这些教授后面，在他们的迂腐晦涩的言词后面，在他们的笨拙枯燥的语句里面竟能隐藏着革命吗？那时被认为是革命代表人物的自由派，不正是最激烈地反对这种使人头脑混乱的哲学吗？但是，不论政府或自由派都没有看到的东西，至少有一个人在1833年已经看到了，这个人就是亨利希·海涅。"①

《论德国宗教和哲学的历史》以德文发表，但是监察官对之删削甚多。这本书于1835年出版，1852年再版，它的最初写作动机是向法国人介绍德国的宗教和哲学。除了两版前言以外，这部著作共分为三篇：第一篇主要论述了从基督教的产生到马丁·路德宗教改革运动时的德国宗教。海涅认为，从路德以来德国宗教和哲学的发展是德国社会革命的一

---

① 《马克思恩格斯选集》（第4卷），人民出版社2009年版，第267—268页。

种准备。第二篇主要论述了德国古典哲学的来源，并向读者介绍了笛卡尔、莱布尼茨等哲学家的影响。第三篇则主要介绍了从康德和费希特以来德国古典哲学的发展及其革命意义，海涅将康德、费希特、谢林和黑格尔等哲学家视为民主革命的先驱。德国哲学家暗中已经进行了一场影响深远、意义重大的哲学革命。海涅坚信，在哲学革命之后，德国的政治革命会随之而来。

在此，我们从《论德国宗教和哲学的历史》（写于1835年）中摘录其中几段，以便读者更加饱满地理解海涅如何阐释德国古典哲学中所隐匿着的革命精神：

"德国哲学是一项重大的、关系到全人类的事件，只有后代子孙才能决定，我们先完成我们的哲学，然后完成我们的革命这个事实，该受到责备还是赞扬。我以为我们这样一个有计划有步骤的民族是必定从宗教改革开始，然后再在这个基础上从事于哲学，并且只有在哲学完成之后才能过渡到政治革命的。我觉得这个顺序完全合理。哲学用于思维的头脑，后来可以为了任何目的被革命砍掉。但如果这些头脑事先就被革命砍掉，那么，哲学就再也没有可以使用的头脑了。德国的共和主义者们，你们不要担心：德国的革命绝不因康德的批判、费希特的先验唯心主义，以至于自然哲学发生在先，就会开始的更温和些。革命力量是通过这些学说发展起来的，它只期待着那日子的到来，那时，它要爆发出来，使全世界震惊。那时将要出现那样一种康德主义者，他们在现象世界中丝毫也不想知道什么虔诚，他们毫无怜悯地挥动宝剑和斧头掘翻我们欧洲人生活的基础，以便砍断属于过去的最后的根株。那时武装起来的费希特主义者，也要登上舞台。在他们的意志狂热主义中，绝不会被威逼利诱所制服；因为他们生活在精神中，不介意物质，像初期的基督徒一样，既不能被肉体的苦痛又不能被肉体的快乐所征服；是的，这些先验唯心主义者在社会的变革期甚而要比初期的基督徒更加刚毅，因为，初期的基督徒们仅仅为获得天国的幸福而忍受地上的苦难，但先验唯心主义者们却把这苦难本身看作空虚的假象，他们在自己思想的堡垒中是无懈可击的。不过自然哲学家比所有哲学人都可怕，他们必将行动着参加一次德国的革命，并将把自己同破坏工作本身等同起来。"①

在谈到康德生活上的毫无波澜与其在思想领域中的波澜壮阔的差异时，海涅说：

"康德这人的表面生活和他那种破坏性的、震撼世界的思想是多么惊人的对比！如果哥尼斯堡的市民预感到这种思想的全部意义，那么，他们面对这人时所感到的惊恐当真会远远超过面临一个刽子手，面对一个只能杀人的刽子手——然而这些善良的人们却不过把他们看作一个哲学教授，当他按既定时刻漫步走过来的时候，他们友好地向他招呼，并用他来对他们的怀表。"②

此外，在《路德维希·费尔巴哈和德国古典哲学的终结》中，恩格斯还提出"德国的工人运动是德国古典哲学的继承者"这样的说法，显

---

① ［德］亨利希·海涅：《论德国宗教和哲学的历史》，海安译，商务印书馆2016年版，第152页。
② ［德］亨利希·海涅：《论德国宗教和哲学的历史》，海安译，商务印书馆2016年版，第105—106页。

然，这是与马克思在这里的观点遥相呼应的。

从这一段开始，马克思由对德国现实的描述转向对德国法哲学的描述，进而逐渐进入对黑格尔法哲学批判中。

德国的法哲学和国家哲学是唯一与正式的当代现实保持在同等水平上［al pari］的德国历史。因此，德国人民必须把自己这种梦想的历史一并归入自己的现存制度，不仅批判这种现存制度，而且同时还要批判这种制度的抽象继续。他们的未来既不能局限于对他们现实的国家和法的制度的直接否定，也不能局限于他们观念上的国家和法的制度的直接实现，因为他们观念上的制度就具有对他们现实的制度的直接否定，而他们观念上的制度的直接实现，他们在观察邻近各国的生活的时候几乎已经经历过了。因此，德国的实践政治派要求对哲学的否定是正当的。该派的错误不在于提出了这个要求，而在于停留于这个要求——没有认真实现它，也不可能实现它。该派以为，只要背对着哲学，并且扭过头去对哲学嘟囔几句陈腐的气话，对哲学的否定就实现了。该派眼界的狭隘性就表现在没有把哲学归入德国的现实范围，或者甚至以为哲学低于德国的实践和为实践服务的理论。你们要求人们必须从现实的生活胚芽出发，可是你们忘记了德国人民现实的生活胚芽一向都只是在他们的脑壳里萌生的。一句话，你们不使哲学成为现实，就不能够消灭哲学。

【义释】马克思在这里指出："他们的未来既不能局限于对他们现

实的国家和法的制度的直接否定，也不能局限于他们观念上的国家和法的制度的直接实现，因为他们观念上的制度就具有对他们现实的制度的直接否定，而他们观念上的制度的直接实现，他们在观察邻近各国的生活的时候几乎已经经历过了。"实际上，"对他们现实的国家和法的制度的直接否定"就是政治革命，革命之后所要达到的状态就是"他们观念上的国家和法的制度的直接实现"。

马克思在这里通过批判两种在他看来并不是十分正确的观点来阐明自己的观点。马克思按照当时反对德国半封建状况的政治反对派对哲学的作用所持的态度，根据他在《莱茵报》从事编辑活动的一般体会，把这些政治反对派区分为"实践政治派"和"起源于哲学的理论政治派"。这里所说的实践政治派包括一部分自由资产阶级和知识分子以及民主派的代表。他们提出实践政治的要求，要么是为争取立宪君主制而奋斗，要么是为争取民主主义共和制而奋斗。这里所说的理论政治派带有整个青年黑格尔运动的特征。他们从黑格尔哲学得出彻底的无神论结论，但同时又使哲学脱离现实，从而在事实上日益脱离实际革命斗争。①

其中，第一种是实践政治派。他们根本不了解德国哲学的丰富内涵，不了解黑格尔国家哲学和法哲学的进步因素，完全否认了思辨哲学的价值，不了解德国哲学和德国现实的关系，割裂了哲学和现实的关系。他们认为，"只要背对着哲学，并且扭过头去对哲学嘟囔几句陈腐的气话，对哲学的否定就实现了"。他们认为，德国哲学是"低于德国的实践和为实践服务的理论"，因此，"人们必须从现实的生活胚芽出

---

① 《马克思恩格斯文集》（第1卷），人民出版社2009年版，第765页。

发"，为争取君主立宪制而奋斗，或者为争取民主主义共和制而奋斗，但是他们却忽视了德国这个富有理论思维传统民族的社会变革是从"他们的脑壳里萌生的"，是从思想变革开始的。

需要注意的是，马克思在这里所说的"哲学"是指黑格尔的国家哲学和法哲学，"德国的法哲学和国家哲学是唯一与正式的当代现实保持在同等水平上的德国历史"，而它"在黑格尔的著作中得到了最系统、最丰富和最终的表述"。德国的现实发展总是慢腾腾的，但与之形成鲜明对照的是，德国哲学的发展却是蒸蒸日上的。欧陆唯理论哲学与英国经验论哲学在康德那里得到了统一与融合，康德的二元论哲学又为德国的哲学赢得了发展空间，同时，他将"信仰"纳入不可知的领域，又用"二律背反"延续了莱布尼茨的辩证法思想，直至到了黑格尔，辩证法发展到顶峰。

另外，这里的"消灭"，英文为transcend，德语用的是aufheben，这个词也可以翻译为"超越"或者"扬弃"（黑格尔的著作中可以经常见到这个词）。"消灭"不是要取消（abolish）哲学或者用一种哲学代替另一种哲学，或者是消灭哲学的一般，而是要让哲学外化为现实的存在，是要实现哲学所达到的那种批判性的高度。哲学实现以后，就变成了现实，而无产阶级扬弃哲学以后就不再是无产阶级，而变成为人。在共产主义社会，不但无产阶级会消失，市民社会、国家等都会消失。而对于彼时的德国而言，就是要发展到与英国和法国等现代国家同等水平的高度，使现实发展到与德国哲学批判所表达的高度。唯有如此，黑格尔的国家哲学和法哲学才会成为多余的东西。也唯有如此，才会有更高的作为时代精神的哲学出现。事实上，马克思在1842年6月的《第179号"科伦日报"社论》中就表达过这种哲学与现实的相互作用："任何真正的哲学都是自己时代精神的精华，所以必然会出现这样的时代：那时哲学不仅从内部即就其内容来说，而且从外部即就其表现来说，都要和自己时代的现实世界接触并相互作用。那时，哲学对于其他的一定体系来说，不再是一定的体系，而正在变成世界的一般哲学，即变成当代世界的哲学。各种外部表现证明哲学已获得了这样的意义：它是文明的活的灵魂，哲学已成为世界的哲学，而世界也成为哲学的世界，——这样的外部表现在所有的时代里都是相同的。"[1]

再往前追溯，在《博士论文》中，马克思也有这种"消灭哲学"的思想："不仅要完成世界的哲学化，而且要完成哲学的世界化。"世界的哲学化，即用一种反思、批判和拔高的方式去批判和改造现实，因为哲学作为自己时代精神之精华，"他们是自己的时代、自己的人民的产物，人民最精致、最珍贵和看不见的精髓都集中在哲学思想里"，它本身就具有解释性、批判性和引导性。而哲学的世界化，即将这种具有批判张力的哲学关照照进现实，让现实变成哲学所期待的样子。哲学是思想中所把握到的时代，它应该总是在批判旧世界的过程中不断地去发现和建立新世界。

在下一段中，马克思紧接着讲了另一个派别，即理论政治派。

> 起源于哲学的理论政治派犯了同样的错误，只不过错误的因素是相反的。
>
> 该派认为目前的斗争只是哲学同德国世界的批判性斗争，它没有想到迄今为止的哲学本身就属于这个世界，而且是这个

---

[1] 《马克思恩格斯全集》（第1卷），人民出版社1956年版，第121页。

世界的补充，虽然只是观念的补充。该派对敌手采取批判的态度，对自己本身却采取非批判的态度，因为它从哲学的前提出发，要么停留于哲学提供的结论，要么就把从别处得来的要求和结论冒充为哲学的直接要求和结论，尽管这些要求和结论——假定是正确的——相反地只有借助于对迄今为止的哲学的否定、对作为哲学的哲学的否定，才能得到。关于这一派，我们留待以后作更详细的叙述。该派的根本缺陷可以归结如下：它以为，不消灭哲学，就能够使哲学成为现实。

【义释】在马克思看来，以青年黑格尔派为代表的理论政治派与实践政治派一样，他们犯了同样的错误，只不过错误的因素是相反的。前者"从哲学的前提出发"，开展了宗教的批判，得出了彻底的无神论结论，但又天真地以为单纯地进行理论批判就能够改造现实社会，就能够实现人的解放。他们看不起实际的政治斗争，一味强调理论批判的作用，把复杂的政治斗争简单地归结为"哲学同德国世界的批判性斗争"。他们"要么停留于哲学提供的结论，要么就把从别处得来的要求和结论冒充为哲学的直接要求和结论"。他们只想到用思想来改造现实，从来没有想到德国哲学和德国现实的联系，没有想到从抽象王国走向现实世界的道路。他们"把一切谜底都放在自己的书桌里，愚昧的凡俗世界只需张开嘴等着绝对科学这只烤乳鸽掉进来就得了"①，就能够使德国现实按照他们设想的蓝图发生改变。他们屈从于封建专制势力，完全脱离现实的生活和斗争，像蜘蛛结网一样，陷于纯理论的批判，并

---

① 《马克思恩格斯文集》（第10卷），人民出版社2009年版，第7页。

追求所谓的"思想宁静"。"他们荒唐地宣扬，人们在理论领域内有什么程度的进展，他们在实际上就能获得什么程度的解放。"①正如有一位好汉曾经想象"人们之所以溺死，是因为他们被重力思想迷住了。如果他们从头脑中抛掉这个观念，比方说，宣称它是迷信观念，是宗教观念，他们就会避免任何溺死的危险"。理论政治派一直"都在同关于重力的幻想作斗争"。理论政治派的根本缺陷可以用马克思的话归结如下："它以为，不消灭哲学，就能够使哲学变为现实。"那么该如何理解马克思的这句话呢？传统的观点认为，消灭哲学就是指使哲学变为现实，也就是哲学的外化，或者说哲学的世界化。但马克思在这里却把这种观点安在了理论政治派的头上，这点该如何理解呢？实际上，正如前面所言，这里的哲学指的不是我们后来在世界观方法论意义上的哲学，而是特指黑格尔的国家哲学和法哲学。使哲学变为现实，这就是黑格尔客观唯心主义的理论主张，也就是用头立地的时代，全部的任务就在于发现真理，只要真理被发现出来，它就一定能够使自己得到外化。但马克思这里却认为，只有将这种哲学彻底消灭，才能实现哲学的现实化，或者说哲学的世界化。所谓消灭哲学，实际上指的是消灭作为意识形态的哲学，而哲学变为现实指的是以自由为向度或者说以解放为目标的哲学形态。因而准确的说法应该是不消灭哲学的意识形态性，那么就不可能使以自由为向度的哲学主张变为现实，也是实现人在现实世界的彻底解放。

尽管青年黑格尔派将黑格尔哲学中保守的思想体系进行了一定的批判和改造，但它始终没有离开黑格尔思辨哲学的坐标系，始终像黑格尔

---

① 陈先达、靳辉明：《马克思早期思想研究》，北京出版社1983年版，第146页。

一样坚守着从思维出发来解释世界的抽象方法。正如鲍威尔把自我意识视为万物的本原，同时也就把历史作为自我意识的发展史。"在他看来，自我意识在其发展途程中不断改变形式，原来基督教是适合它发展的形式，现在却变成了它发展的桎梏，因而必须以更高的理性，即自由原则取而代之。这同黑格尔把历史看成是绝对精神自我实现的过程，毫无二致。"①

在《德意志意识形态》中，马克思对理论政治派的批判更加彻底，他指出："既然青年黑格尔派认为观念、思想、概念，即被他们变为某种独立东西的意识的一切产物，是人们的真正枷锁，就像老年黑格尔派把它们看作是人类社会的真正羁绊一样，所以不言而喻，青年黑格尔派只要同意识的这些幻想进行斗争就行了。既然根据青年黑格尔派的幻想，人们之间的关系、他们的一切举止行为、他们受到的束缚和限制，都是他们意识的产物，所以青年黑格尔派完全合乎逻辑地向人们提出一种道德要求，要他们用人的、批判的或利己的意识来代替他们现在的意识，从而消除束缚他们的限制。这种改变意识的要求，归根到底就是要求用另一种方式来解释现存的东西，也就是说，通过另外的解释来承认现存的东西。尽管青年黑格尔派思想家们满口讲的都是'震撼世界'的词句，而实际上他们是最大的保守分子。他们之中最年轻的人确切地表达了他们的活动，说他们仅仅是为反对'词句'而斗争。不过他们忘记了：他们只是用词句来反对这些词句，既然他们仅仅反对现存世界的词句，那末他们就绝不是反对现实的、现存的世界。这种哲学批判所能达到的唯一结果，就是从宗教史上对基督教作一些说明，但就连这些说明

---

① 陈先达、靳辉明：《马克思早期思想研究》，北京出版社1983年版，第153页。

也是片面的。至于他们的全部其他论断，只不过是进一步来粉饰他们的一种奢望，以为他们用这样一些微不足道的说明作出了仿佛具有世界历史意义的发现。这些哲学家没有一个想到要提出关于德国哲学和德国现实之间的联系问题，关于他们所作的批判和他们自身的物质环境之间的联系问题。"①

"哲学同德国世界的批判性斗争"，即力图要以德国现实来符合既定的"伦理实体"的目标，但这一目标仅限于理论斗争，仅限于在思辨的范围内兜圈子。如莫泽斯·赫斯就是这样。这里的"迄今为止的"英文为"earlier"，也可以翻译为"较早的"或者"之前的"。

与理论政治派和实践政治派不同，马克思强调的是与理论和实践相结合的政治斗争，他指出："什么也阻挡不了我们把我们的批判和政治批判结合起来，和这些人的明确的政治立场结合起来，因而也就是把我们的批判和实际斗争看做同一件事情。在这种情况下，我们就不是以空论家的姿态，手中拿了一套现成的新原理向世界喝道：真理在这里，向它跪拜吧！我们是从世界本身的原理中为世界阐发新原理。我们并不向世界说："停止斗争吧，你的全部斗争都是无谓之举，"而是给它一个真正的斗争的口号。"②

毛泽东将马克思主义理论中国化，他在《实践论》中指出："马克思主义哲学辩证唯物论有两个最显著的特点：一个是它的阶级性，公然申明辩证唯物论是为无产阶级服务的；再一个是它的实践性，强调理论对于实践的依赖关系，理论的基础是实践，又转过来为实践服务。"

---

① 《马克思恩格斯选集》（第1卷），人民出版社2012年版，第145—146页。
② 《马克思恩格斯全集》（第1卷），人民出版社1956年版，第418页。

德国的国家哲学和法哲学在黑格尔的著作中得到了最系统、最丰富和最终的表述；对这种哲学的批判既是对现代国家以及同它相联系的现实所作的批判性分析，又是对迄今为止的德国政治意识和法意识的整个形式的坚决否定，而这种意识的最主要、最普遍、上升为科学的表现正是思辨的法哲学本身。如果思辨的法哲学，这种关于现代国家——它的现实仍然是彼岸世界，虽然这个彼岸世界也只在莱茵河彼岸——的抽象而不切实际的思维，只是在德国才有可能产生，那么反过来说，德国人那种置现实的人于不顾的关于现代国家的思想形象之所以可能产生，也只是因为现代国家本身置现实的人于不顾，或者只凭虚构的方式满足整个的人。德国人在政治上思考其他国家做过的事情。德国是这些国家的理论良心。它的思维的抽象和自大总是同它的现实的片面和低下保持同步。因此，如果德国国家制度的现状表现了旧制度的完成，即表现了现代国家机体中这个肉中刺的完成，那么德国的国家学说的现状就表现了现代国家的未完成，表现了现代国家的机体本身的缺陷。

【义释】马克思在这里把德国政治意识和法意识的整个形式做了着重号处理，实际上表达了马克思对黑格尔国家哲学和法哲学的看法，即不过是一种新形式的政治意识和法意识，只是这种政治意识和法意识经过黑格尔的思辨的法哲学，上升为一种科学表现（马克思在这里对科学也加了着重号）。这段话表明了马克思的理论野心，即一方面要对以政治意识和法意识的完整形态的黑格尔国家哲学和法哲学进行坚决否定，另一方面还要对现代国家以及同它相联系的现实做批判性分析。马克思紧接着指出了这种思辨的法哲学产生的历史背景，也就是关于现代国家的抽象的不切实际的思维方式为什么会在德国出现。

马克思在这里指出："德国人那种置现实的人于不顾的关于现代国家的思想形象之所以可能产生，也只是因为现代国家本身置现实的人于不顾，或者只凭虚构的方式满足整个的人。德国人在政治上思考其他国家做过的事情。德国是这些国家的理论良心。"德国人，这里特指黑格尔，之所以关注抽象的国家形式，而不关注现实存在的国家形式，不过反映了现实的或者说现代国家不关注现实生活中活生生的人而已，除此之外，现代国家还只是以虚假的形式或者说虚构的方式、以精神形式去满足具有现实物质需求的人的虚假需求。"其他国家做过的事情"中的"其他国家"指的是英国和法国。马克思认为，黑格尔的法哲学是现代国家理论和政治理论最后的形式。

英国和法国等现代国家与黑格尔的法哲学是同一个层面上的，或者说英国和法国的实践层面与德国的理论层面处于同一个层面。在马克思看来，德国的法哲学甚至要比英国和法国在实践上做得更好。德国是这些国家的理论良心。马克思的这篇著作的标题为《〈黑格尔法哲学批判〉导言》，对黑格尔的法哲学进行批判，意味着对英法等现代国家进行批判。因为法哲学是现代国家的理论表现，法哲学的缺陷就是现代国家的缺陷。

马克思在这里指出："如果德国国家制度的现状表现了旧制度的完成，即表现了现代国家机体中这个肉中刺的完成，那么德国的国家学说的现状就表现了现代国家的未完成，表现了现代国家的机体本身的缺陷。"也就是说，"德国国家制度的现状"是旧制度的一个典型

"样本"，而"德国的国家学说"则是现代国家在理论上的应然性的"样本"。

在本句话中，"肉中刺"的用法来自《哥林多后书》第12章第7节，"又恐怕我因所得的启示甚大，就过于自高，所以有一根刺加在我肉体上，就是撒旦的差役要攻击我，免得我过于自高"。

> 对思辨的法哲学的批判既然是对德国迄今为止政治意识形式的坚决反抗，它就不会专注于自身，而会专注于课题，这种课题只有一个解决办法：实践。

【义释】这句话的英文，译为："Already as the resolute opponent of the previous form of German political consciousness the criticism of speculative philosophy of right strays, not into itself, but into problems which there is only one means of solving – practice."这里的"课题"对应的是英文中的"problem"。

在"莱茵报"时期，马克思已经尖锐批判了德国古典哲学那种严重脱离实践的弱点。他指出："哲学，尤其是德国的哲学，喜欢幽静孤寂、闭关自守并醉心于淡漠的自我直观；所有这些，一开始就使哲学同那种与它格格不入的报纸的一般性质——经常的战斗准备、对于急需报道的耸人听闻的当前问题的热情关心对立起来。从哲学的整个发展来看，它不是通俗易懂的；它那玄妙的自我深化在门外汉看来正像脱离现实的活动一样稀奇古怪；它被当做一个魔术师，若有其事地念着咒语，因为谁也不懂得他在念些什么。"[1]

---

[1] 《马克思恩格斯全集》（第1卷），人民出版社1956年版，第120页。

试问：德国能不能实现有原则高度的［à la hauteur des principes］实践，即实现一个不但能把德国提高到现代各国的正式水准，而且提高到这些国家最近的将来要达到的人的高度的革命呢？

【义释】从本部分开始，马克思提出了德国能否实现"弯道超车"的问题，即"实现有原则高度的实践"。马克思认为，法国可以通过局部的解放为普遍的解放提供基础，而德国并没有能承担起这个责任的特殊阶级。既然如此，那么唯一可以承担起这个任务的无产阶级就要呼之欲出。

在理论方面，德国的法哲学已经达到了现代各国的正式水准，即英国和法国的高度，即通过资产阶级革命所建立的资产阶级专政国家。现在德国的任务是对其法哲学进行批判，因此，德国不仅达到了现代各国的正式水准，而且也达到了对现代各国进行批判的高度，马克思将这个高度称为"人的高度"。如果对德国的法哲学进行批判的话，这个批判的立脚点就是"人的高度"。这里马克思所谓的"有原则高度的实践"，即"人的高度"，或者说资本主义国家面临的无产阶级革命。而相较于"人的解放"而言，政治解放只是一个中间阶梯。笔者认为，正是在这样的意义上，列宁才指出，马克思实现了"两个转变"，即已经完成了从唯心主义向唯物主义和从革命民主主义向共产主义的转变。显然，前面一个是哲学立场上的转变，后面一个则是在政治立场上的转变。如何实现"有原则高度的实践"？那就是将理论与群众相结合，将共产主义学说与无产阶级运动相结合。究竟是什么样的理论呢？那就是彻底性的理论。何为彻底性的理论？紧接着，马克思在下文中作了进一步阐释。

> 批判的武器当然不能代替武器的批判，物质力量只能用物质力量来摧毁；但是理论一经掌握群众，也会变成物质力量。理论只要说服人［ad hominem］，就能掌握群众；而理论只要彻底，就能说服人［ad hominem］。所谓彻底，就是抓住事物的根本。而人的根本就是人本身。德国理论的彻底性的明证，亦即它的实践能力的明证，就在于德国理论是从坚决积极废除宗教出发的。对宗教的批判最后归结为人是人的最高本质这样一个学说，从而也归结为这样的绝对命令：必须推翻使人成为被侮辱、被奴役、被遗弃和被蔑视的东西的一切关系，一个法国人对草拟中的养犬税发出的呼声，再恰当不过地刻画了这种关系，他说："可怜的狗啊！人家要把你们当人看哪！"

【义释】这一段是我们耳熟能详且脍炙人口的经典，也是马克思的拥护者经常引用的一段话。实际上，在这一段中，马克思主要讲了理论和实践的辩证关系，以及实现由理论向实践的转化必须满足两个条件：第一，解决问题的道路从彻底的理论解放开始。第二，理论要被群众所掌握。

"批判"在彼时的德国是一个很时髦的词语，它有"澄清事实，划清界限"之意。比如康德曾写过"三大批判"。康德还指出："我们的时代是真正批判的时代，一切都必须经受批判。"马克思恩格斯更是经常使用"批判"这个词，很多著作的标题都是以批判为标题或者副标题。如《资本论》的标题就是"政治经济学批判",此外,还有《哥达纲领批判》等。

在这里,"批判的武器"当然是指的革命的理论。"武器的批判"当然是指的革命的实践,即群众运动、武装斗争和暴力革命。通俗一点讲,"批判的武器"和"武器的批判"就是讲"笔杆子"和"枪杆子"的关系。没有理论的实践是盲目的,没有实践的理论是空谈,两者是相辅相成的。马克思生动深刻地解释了理论和实践的辩证关系。这是一种典型的辩证唯物主义的革命观。这种理论和实践的辩证关系是对实践政治派和以青年黑格尔为代表的理论政治派的批判。

马克思坚决反对将理论和实践完全割裂开来的"理论派"和"实践派"。很多青年黑格尔派就完全用"批判的武器"代替了"武器的批判",如"鲍威尔就用'批判的武器'把现存的一切都变成单纯的假象和纯粹的思想,把一切现实运动都纳入纯理论的范围。甚至荒唐地宣称,资本主义的一切祸害都只存在于工人们的思维中,只要从思想上批判掉资本这个范畴,也就消灭了真正的资本"[1]。在马克思看来,这完全是一种"热昏的胡话"。"笔杆子"当然不能完全代替"枪杆子",他们局限于纯粹思想领域的批判,并指出:"哪一个历史时代不是由威严的'笔'预先规定了的,不是应用'笔'来解决其存在的问题的!"[2]马克思并不否认这种纯粹思想批判的重要性,理论是可以转化为实践的。但是如何转化呢?马克思给出了答案,即让群众掌握理论,变成他们改造世界的武器。

这里的"理论一经掌握群众"的英文表达是:Theory is capable of

---

[1] 陈先达、靳辉明:《马克思早期思想研究》,北京出版社1983年版,第151—152页。

[2] 《马克思恩格斯全集》(第2卷),人民出版社1957年版,第128页。

gripping the masses。中国人民大学的刘建军教授对"究竟是理论掌握群众，还是群众掌握理论"进行了阐释。他指出：马克思的"理论掌握群众"的说法，是他受德国思辨哲学把理论当作精神性、能动性原则，把群众当作物质性、被动性原则的流弊的影响的表现，因此，根据唯物史观的观点，应该把这一说法合理地理解为"理论为群众所掌握"或"理论掌握于群众"。①不过笔者认为，"理论掌握群众"具有更深的意味，列宁所主张的"灌输论"便是从这里引申而来的。唯物史观并不意味着对群众的盲目崇拜，甘心做群众运动的尾巴。依据列宁的观点，群众及从群众运动中不可能自发地产生出社会主义意识，社会主义意识必须从外部灌输给群众，而社会民主党人的历史任务就在于此。

亚里士多德曾经提出过技术范围的三种基本说服方式，分别是人品诉求（ethos）、情感诉求（pathos）和理性诉求（logos）。实际上，在本段中马克思所谓的"理论彻底性"，对应的就是亚里士多德的"理性诉求"方式。在后文中，马克思也使用了相应的"情感诉求"，如他指出："应当让受现实压迫的人意识到压迫，从而使现实的压迫更加沉重；应当公开耻辱，从而使耻辱更加耻辱。应当把德国社会的每个领域作为德国社会的羞耻部分加以描述，应当对这些僵化了的关系唱一唱它们自己的曲调，迫使它们跳起舞来！为了激起人民的勇气，必须使他们对自己大吃一惊。"马克思希望通过这种"理性诉求"和"情感诉求"的结合来唤起无产阶级的革命热忱。

"对宗教的批判最后归结为人是人的最高本质这样一个学说，从而也归结为这样的绝对命令"，"人是人的最高本质"并不是马克思原创

① 刘建军：《〈《黑格尔法哲学批判》导言〉一文的思想政治教育意蕴》，《中国人民大学学报》2010年第6期。

的，这句话是从费尔巴哈那里借用的，意味着人是属于自己的，并不是由其他内容决定的，如上帝、教皇或者国王。人不需要也不应该到其他的事物中去寻找答案。这里的"绝对命令"的英文表达是"categorical imperative"，这个用法很容易让人想起康德。绝对命令即一种无条件的、不受情况限制的道德律令。绝对命令特别是指这样一种行动规则，告诉我们应当以我们希望其他每一个人都这样做的方式去行动。或者是先天的可作为道德基础的普遍法则与条件。在康德那里，绝对命令有三点：第一，"普遍立法"，即个人行为的标准必须可以成为普遍规律；第二，"人是目的"，即人的行为必须把人当作目的，而不是当作工具；第三，"意志自律"，每个有理性者的意志都是颁布普遍规律的意志，即道德主体不受外界因素制约，为自己规定法则。马克思在这里指出："对宗教的批判最后归结为人是人的最高本质这样一个学说，从而也归结为这样的绝对命令：必须推翻使人成为被侮辱、被奴役、被遗弃和被蔑视的东西的一切关系。"

什么样的理论才能掌握群众呢？一方面，理论必须反映人民群众的价值诉求，反映人民群众的现实需要。反映人民群众的价值诉求和现实需要的理论，才会得到人民群众的拥护和支持。另一方面，要灌输到人民群众的头脑中的理论必须是彻底的、先进的，必须经过艰苦的理论探索才有可能。先进的理论往往是时代精神的精华，它可能是某些先知先觉者，如无产阶级的先锋队提出来的，这些先进的理论起初往往不会受到人民的拥护，因为绝大多数人仍然是不知不觉者和后知后觉者。这时候就需要去宣传、教育。正如列宁所言："工人本来也不可能有社会民主主义的意识。这种意识只能从外面灌输进去。"

"德国理论的彻底性的明证，亦即它的实践能力的明证，就在于德

111

国理论是从坚决积极废除宗教出发的。"这句话是与《导言》的第一句话相互辉映的。

> 即使从历史的观点来看，理论的解放对德国也有特殊的实践意义。德国的革命的过去就是理论性的，这就是宗教改革。正像当时的革命是从僧侣的头脑开始一样，现在的革命则从哲学家的头脑开始。

【义释】"批判的武器"也非常重要，路德的宗教改革就是例子。当然，路德的改革是不彻底的，他依然拖着一条"庸人的辫子"。尽管宗教改革取消了教皇的统治，但又把诸侯的统治加到老百姓身上。宗教改革并没有完全废除宗教，而只是把人的宗教意识内在化了。用马克思在后文的话讲就是，"路德战胜了虔诚造成的奴役制，是因为他用信念造成的奴役制代替了它。他破除了对权威的信仰，是因为他恢复了信仰的权威。他把僧侣变成了世俗人，是因为他把世俗人变成了僧侣。他把人从外在的宗教笃诚解放出来，是因为他把宗教笃诚变成了人的内在世界"。既然在16世纪马丁·路德的宗教改革作为"理论的解放"对德国具有实践意义，那19世纪中期的哲学当然也可以像路德一样起到这种理论解放的作用。

宗教改革指16世纪德国新教创始人马丁·路德领导的要求摆脱教皇控制、改革封建关系的宗教改革运动。1517年10月31日，路德在维滕贝格教堂门前张贴了《九十五条论纲》，抗议教皇滥用特权，派教廷大员以敛财为目的向各地教徒兜售赎罪券，并要求对此展开辩论。随着《九十五条论纲》的传播，掀起了宗教改革运动。

马丁·路德主张"因信称义",与天主教的"因行称义"不同,他认为每个人的信仰都建立在自身对《圣经》的理解上,不需要通过复杂的圣礼以及更多表面形式来实现。这种改革不但适应了新兴资产阶级的需要,而且也拯救了教会压迫下的人民。

"现在的革命则从哲学家的头脑开始"有双重含义,第一指的是黑格尔的法哲学在欧洲各国是领先的,这种法哲学对于落后的现实也是领先的。第二则指的是青年黑格尔派,尤其是费尔巴哈的哲学对宗教哲学的批判。

"宗教改革"正确提出了"人的解放"的问题,但未能解决这一问题。下面一段话就是马克思对路德宗教改革的评价。

> 的确,路德战胜了虔信造成的奴役制,是因为他用信念造成的奴役制代替了它。他破除了对权威的信仰,是因为他恢复了信仰的权威。他把僧侣变成了世俗人,是因为他把世俗人变成了僧侣。他把人从外在的宗教笃诚解放出来,是因为他把宗教笃诚变成了人的内在世界。他把肉体从锁链中解放出来,是因为他给人的心灵套上了锁链。

【义释】马克思对路德的宗教改革进行了一个评价。这里的"权威"就是指对教皇、教会的信仰。路德用"因信称义"代替了"因行称义",路德并没有废除宗教本身,而是用一种奴役制代替了之前的奴役制,只不过这个新的奴役制去掉了过去教皇这个"中间商",也去掉很多宗教仪式等程序。路德并没有废除教皇的权威,而只是将这种权威转移到了个人与上帝的直接关系上去了。

为什么"把僧侣变成了世俗人，是因为他把世俗人变成了僧侣"？因为在去掉了教皇这个"中间商"之后，任何信徒都可以不必通过教会，也不必通过繁杂的宗教仪式就可以是虔诚的信徒。每个人都可以在自己心中建立一个教会，他们也都可以由此成为教士。总之，马丁·路德的新教改革，最大的贡献就是让教士、教会等不再被人们所迷信。但另一个结果是，它把普通教众也变成了自己的教士。这就是马克思所说的新教留下了人的僧侣本性问题。

最后一句，"把肉体从锁链中解放出来，是因为他给人的心灵套上了锁链"，即是说尽管路德在宗教上有很大的解放，但是他并没有废除宗教本身，人们还是要受到新教心灵上的束缚。

实际上，这段对路德宗教改革的评价，也潜藏着对哲学解放的批判。

> 但是，新教即使没有正确解决问题，毕竟正确地提出了问题。现在问题已经不再是世俗人同世俗人以外的僧侣进行斗争，而是同他自己内心的僧侣进行斗争，同他自己的僧侣本性进行斗争。如果说新教把德国世俗人转变为僧侣，就是解放了世俗教皇即王公，以及他们的同伙即特权者和庸人，那么哲学把受僧侣精神影响的德国人转变为人，就是解放人民。但是，正像解放不应停留于王公的解放，财产的收归俗用也不应停留于剥夺教会财产，而这种剥夺是由伪善的普鲁士最先实行的。当时，农民战争，这个德国历史上最彻底的事件，因碰到神学而失败了。今天，神学本身遭到失败，德国历史上最不自由的实际状况——我们的现状——也会因碰到哲学而土崩瓦解。宗

教改革之前，官方德国是罗马最忠顺的奴仆。而在德国发生革命之前，它则是小于罗马的普鲁士和奥地利的忠顺奴仆，是土容克和庸人的忠顺奴仆。

【义释】"新教即使没有正确解决问题，毕竟正确地提出了问题"，这是马克思对新教革命给予的最高评价。那么新教是如何正确提出问题的呢？马克思形象地说，新教把德国世俗人转变为僧侣。在新教改革以前，世俗人和僧侣是截然对立的，只有僧侣可以阅读和阐释《圣经》，而世俗人没有这项权利，世俗人只有通过教会才能与上帝发生关系。新教革命后，每一个世俗人都可以直接与上帝相关联，不必再通过教会这个"中间商"，"中间商"再也无法赚到差价。那么是如何实现这一点的呢？也就是每个世俗人都有了以前只有僧侣才有的权利，即去阅读和阐释《圣经》，这就是马克思所谓的新教把德国世俗人转变为僧侣。

而世俗人转变为僧侣，便是解放了世俗教皇即王公。这又是为什么呢？显然自基督教成为罗马帝国的国教后，欧洲一直有所谓的"二元统治"。"属灵的世界"由罗马教会统治，而"属世的世界"则归现实的统治者，无论它是罗马的皇帝还是封建的土公。新教革命之后，既然教会已经成为多余的无用物，那么在一定意义上就使封建王公得到了解放，他们再也不用看罗马教会的脸色了（只有在新教占主导地位的地区才如此）。依马克思在这里的看法，下一场革命就犹如新教革命把世俗人转变为僧侣，这场革命也是要把德国人转变为人。德国人是什么意思呢？就像还未经历新教革命的世俗人只有通过教会才能与上帝发生关系，德国人也只能通过国家，即法的和政治的关系才能具有自己的本质。而德国人转变为人，即意味着人们将不再需要国家，即不再通过法的和政治的关系而直接是人与人之间的关系。那么这种人与人之间的直接关系是如何实现的呢？马克思给予了市民社会以新的内涵。即在黑格尔语境下，市民社会只有通过国家从而彼此发生关系，而在马克思看来，市民社会的内部关系（即人与人之间的关系）决定了市民社会与国家之间的关系。我们看马克思接下来是如何分析和定义市民社会和国家的。

"新教即使没有正确解决问题，毕竟正确地提出了问题"指的是，尽管路德的宗教改革没有彻底解决问题，继而根除宗教，但他解决问题的方向是对的。尽管马丁·路德进行了宗教改革，但是这种改革并不具有彻底性。路德破除了天主教会权威的信仰，使之转变成为内在权威的信仰；破除了外在的束缚，使之转变成为内在的束缚；破除了肉体锁链的束缚，使之转变成为心灵的锁链；破除了外在的幻想，使之变成了内在的"心魔"。因此，马克思在这里讲，"现在问题已经不再是世俗人同世俗人以外的僧侣进行斗争，而是同他自己内心的僧侣进行斗争，同他自己的僧侣本性进行斗争"。这样宗教的批判才会更加彻底。

教会财产的收归俗用，在德国是随着宗教改革开始的。教会地产首先转为诸侯地产，只有极小部分低等贵族和市民阶层的成员（城市新贵）从中获利。在法国大资产阶级的直接影响下，1803年的帝国代表会议的决议决定，教会诸侯领地收归俗用。普鲁士和南德意志的中等邦国首先能够获得最大的土地利润。随着1810年10月10日颁布的敕令，普鲁士境内教会财产的收归俗用遂告结束。[①]

---

① 《马克思恩格斯全集》（第1卷），人民出版社2009年版，第766页。

"当时，农民战争，这个德国历史上最彻底的事件，因碰到神学而失败了。"这里的"农民战争"即16世纪德国农民战争。农民战争是宗教改革运动的顶点。这场农民战争，一开始只是局部的农民起义，后来扩展到德语南部地区（德国南部、奥地利和瑞士）的大部分地区的一次大规模农民起义。但最终几乎所有这些起义均被血腥镇压，只有持续最久的瑞士农民战争最后获得胜利。这些起义中，最为我们所熟知的就是托马斯·闵采尔于1525年5月领导的起义。关于农民战争失败的原因，恩格斯在《德国农民战争》一文中是这样说的："地方和各省区的分裂割据状态以及由此必然产生的地方和省区的狭隘性断送了整个运动；无论是市民，还是农民和平民都没有采取过集中的全国性的行动；例如农民们在每个省区都各行其是，从来不愿支援邻区的起义农民，因而在各次战斗中相继被官军歼灭，而官军人数往往不到起义者总数的十分之一——所有这一切，读者都可以从上面的阐述中看得一清二楚。"①

　　"今天，神学本身遭到失败，德国历史上最不自由的实际状况——我们的现状——也会因碰到哲学而土崩瓦解。"事实上，这是马克思所做的一个类比，意指神学因为宗教改革而遭到破坏，而哲学又重新充当了这样的武器。德国的最不自由的实际状况，也一定会因为哲学的批判而遭到否定。一句话，在观念的解放中蕴藏着的对现实状况的否定和对新社会形态来临的呼唤。

　　"宗教改革之前，官方德国是罗马最忠顺的奴仆。而在德国发生革命之前，它则是小于罗马的普鲁士和奥地利的忠顺奴仆，是土容克和庸人的忠顺奴仆。"神圣罗马帝国是962年至1806年在西欧和中欧的国

---

① 《马克思恩格斯文集》（第2卷），人民出版社2009年版，第317页。

家。1806年，在拿破仑的威逼利诱下，16个神圣罗马帝国的邦国成员签订了《莱茵邦联条约》，脱离帝国加入了莱茵邦联。与此同时，为了吸引更多国家加入邦联，拿破仑决定亲手终结神圣罗马帝国。因此他对皇帝弗朗茨二世发出了最后通牒，要求他解散神圣罗马帝国，并且放弃神圣罗马皇帝和罗马人民的国王的称号。神圣罗马帝国从此灭亡。拿破仑废除神圣罗马帝国之后，根据维也纳会议，原先的38个成员国成立了德意志邦联，其永久主席国为德意志第一强国奥地利帝国，永久副主席国为德意志第二强国普鲁士王国。

可是，彻底的德国革命看来面临着一个重大的困难。

就是说，革命需要被动因素，需要物质基础。理论在一个国家实现的程度，总是取决于理论满足这个国家的需要的程度。但是，德国思想的要求和德国现实对这些要求的回答之间有惊人的不一致，与此相应，市民社会和国家之间以及和市民社会本身之间是否会有同样的不一致呢？理论需要是否会直接成为实践需要呢？光是思想力求成为现实是不够的，现实本身应当力求趋向思想。

【义释】在这里，马克思又从另一个视角强调了物质因素在革命中的重要性。"被动因素""物质因素"显然是与"主动因素"，即"人的因素"相对应的。马克思在《关于费尔巴哈的提纲》中也从哲学上提到了这种所谓的"主动因素"，他指出："从前的一切唯物主义（包括费尔巴哈的唯物主义）的主要缺点是：对对象、现实、感性，只是从客体的或者直观的形式去理解，而不是把它们当作感性的人的活动，当作实践去理解，不是从主体方面去理解。因此，和唯物主义相反，能动的方面却被唯心主义抽象地发展了，当然，唯心主义是不知道现实的、感性的活动本身的。""被动因素"和"主动因素"是辩证统一的。

"主动因素"可以理解为理论掌握群众，而"被动因素"又可理解为群众需要理论。在这里，马克思指出了"理论在一个国家实现的程度，总是取决于理论满足这个国家的需要的程度"这句话包含着唯物史观的天才洞见。当然，我们需要注意的是，马克思为了辞藻的华丽牺牲了用语的精确性，这里所谓的"满足这个国家的需要的程度"，实际上指的是满足这个国家人民的需要。那么如何才能了解这个国家人民的需要呢？这就只能到市民社会中去寻找了。

此外，也有学者指出，马克思在这里所谓的"主动因素"和"被动因素"的观点是套用了亚里士多德的理论，即形式+质料。德国的哲学就是"形式"，而群众、无产阶级就是"质料"。

"德国思想的要求和德国现实对这些要求的回答之间有惊人的不一致"，指的是德国的国家哲学与落后的现实之间、德国的历史进程与时代的历史进程之间所产生的不一致。德国思想的要求是什么呢？这里指的主要是黑格尔法哲学思想，希望有一个强大的王权，这是国家决定市民社会的必然推论，而德国现实呢？依然是分崩离析的封建割据，而强大的王权恰恰成了德国统一的最大阻碍（至少在这个时代，王权是德国统一的最大阻碍，几年后普鲁士王权拒绝了法兰克福议会的请求就是证明）。

同时，马克思在这里还谈到了一个特别重要的概念，即市民社会。市民社会（bürgerliche Gesellschaft）这一术语出自黑格尔《法哲学原理》第182节。在马克思的早期著作中，这一术语有两重含义。广义地说，是指社会发展各历史时期的经济制度，即决定政治制度和意识形态的物质关系总和；狭义地说，是指资产阶级社会的物质关系。①我们可以将前一种"市民社会"解释视为"生产关系"，这个市民社会在历史上是通用的。相关的文本表述如："受到迄今为止一切历史阶段的生产力制约同时又反过来制约生产力的交往形式，就是市民社会。……这个市民社会是全部历史的真正发源地和舞台。"而将后一种"市民社会"解释可以视为资本主义社会的市场活动领域。显然，这后一种用法才是与黑格尔在《法哲学原理》中的用法相通的。实际上，无论是在《〈黑格尔法哲学批判〉导言》中，以及在同时期发表在《德法年鉴》上的姊妹篇《论犹太人问题》中，还是在之前的《黑格尔法哲学批判》和之后的《1844年政治学哲学手稿》等著作中，马克思都是在后一种意义，即"资产阶级社会"的层次上使用市民社会这个概念的。

此外，在其他的一些文本中，马克思还从哲学的视角表述了市民社会。如在《关于费尔巴哈的提纲》中，马克思指出，"从前的一切唯物主义（包括费尔巴哈的唯物主义）的主要缺点是：对对象、现实、感性，只是从客体的或者直观的形式去理解"，"旧唯物主义的立脚点是市民社会，新唯物主义的立脚点则是人类社会或社会的人类"。②实际上，直观的唯物主义、旧唯物主义、市民社会和政治解放等都是相通的，它们只是同一套话语体系在不同领域的表达，直观的唯物主义、旧唯物主义是哲学上的表达，市民社会是政治经济学意义上的表达，而政治解放则是政治意义上的表达。实践唯物主义、新唯物主义和人的解放则是另一套话语体系在不同领域的表达。所谓"政治解放"就是为了建

---

① 《马克思恩格斯选集》（第1卷），人民出版社2012年版，第868页。
② 《马克思恩格斯文集》（第1卷），人民出版社2009年版，第502页。

立一个市民社会。政治革命是市民社会的革命。政治解放所追求的是自由、民主、平等，这些都是在每个人作为"单子"，即利己的人的意义上而言的一些资产阶级法权。这与马克思在《关于费尔巴哈的提纲》中的表述是相对应的，"直观的唯物主义，即不是把感性理解为实践活动的唯物主义，至多也只能达到对单个人和市民社会的直观"。什么是"直观"？"直观"意为用一种一劳永逸的方式所把握到的永恒真理。它不借助于逻辑，是超逻辑的，也不诉诸实践，借助于直观所把握到的真理也是去历史性的。整个的几何学就是建构在直观的基础之上的，几何学大厦本身是逻辑自洽的，但几何学的前提完全是直观把握到的，它非常地不讲逻辑。比如几何学上的"两点之间直线最短""两条平行线向两边无限延展永不相交"等，显然，这些都不是欧几里得通过逻辑或实践的方式去证明的，也根本无法用逻辑和实践去证明，同时，这些知识也是去历史的，人们不会怀疑此时"两点之间直线最短"，而到了彼时"两点之间就不最短"了。同样，费尔巴哈意图用直观的方式去把握自由、民主、平等，但是在马克思看来，他所直观到的只是市民社会的作为"单子"的自由、民主和平等。最终所导致的结果只能是将阶段的历史永恒化，将阶级的利益普遍必然化，这就是政治解放所导致局限性的哲学根据。洛维特曾从黑格尔与费尔巴哈对比的视角，批判了费尔巴哈的这种去历史化的思维方式，他指出："在历史进程中，一切在历史上曾经现实地存在过的东西都将又成为非现实的；也就是说，它丧失了自己的存在权利和相对的——历史的合理性。对合理性的现实的这种历史化，决定了黑格尔哲学的革命特征，但黑格尔的哲学又由于试图把历史的发展终结在一个绝对的体系之中，从而陷入了与自身的矛盾。不过，即使在这种局限性之中，黑格尔仍然比费尔巴哈的非历史思维高明，因为费尔巴哈只是在形式上是现实主义的，他从人出发，但却闭口不谈人生存于其中的那个现实的历史世界。与此相反，在黑格尔那里，现实的一切领域，包括哲学，都是从根本上历史地构想出来的，尽管是被唯心主义的方式歪曲了的，因为他在意识形态上认错了历史的真正推动力。"①

当然，还有学者认为，在马克思那里，市民社会还是社会国家理论中的一个普遍范畴。这种解释可以在1846年《马克思致帕维尔·瓦西里耶维奇·安年科夫》的书信中找到文本依据。马克思指出："社会——不管其形式如何——是什么呢？是人们交互活动的产物。人们能否自由选择某一社会形式呢？决不能。在人们的生产力发展的一定状况下，就会有一定的交换［commerce］和消费形式。在生产、交换和消费发展的一定阶段上，就会有相应的社会制度形式、相应的家庭、等级或阶级组织，一句话，就会有相应的市民社会。有一定的市民社会，就会有不过是市民社会的正式表现的相应的政治国家。"②

黑格尔认为，在古代，私人领域受到必然性支配，在私人领域没有自由可言，公共领域才是自由的实现之所，私人领域只是为人们参与公共领域提供物质资料基础领域，公共领域是目的，私人领域只是手段。但是，随着生产方式的改进，古代共同体或家庭的实体的统一性逐渐丧失、分裂，原先被淹没在公共领域的自由意识被逐渐唤醒，人的自我意识在不断提高，个体被不断地从共同体中解放出来，人们逐渐形成了另一套思想观念，这就是个体本位思想。这时候，公共领域和私人领域的关系颠倒，公共领域变成为手段，私人领域则成为目的，人以一种原子

---

① ［德］洛维特：《世界历史与救赎历史》，李秋零、田薇译，商务印书馆2016年版，第63—64页。
② 《马克思恩格斯文集》（第10卷），人民出版社2009年版，第42—43页。

化的方式存在着，人与人之间是一种相互独立、互不关涉的关系。支配市民社会的伦理观是：只有对我有利可图，我才为你服务（我们不会这样对待我们的朋友和孩子），我们将之视为在公共领域与他人交往的最自然的方式。用霍布斯式的语言来说就是，"人对人像狼""一切人对一切人的战争"。这个阶段对应的就是所谓"市民社会"。如果说前面一个阶段是"正题"，那这个个人意识觉醒的阶段就是一个"反题"。当然，在黑格尔那里还有一个"合题"，那就是国家。在黑格尔看来，国家是一个可以扬弃市民社会的外部保障。在《法哲学原理》中，黑格尔是这样表述这个"反题"阶段的特征的："市民社会是处在家庭和国家之间的差别的阶段，虽然它的形成比国家晚。其实，作为差别的阶段，它必须以国家为前提，而为了巩固地存在，它也必须有一个国家作为独立的东西在它面前。此外，市民社会是在现代世界中形成的，现代世界第一次使理念的一切规定各得其所。如果把国家想象为各个不同的人的统一，亦即仅仅是共同性的统一，其所想象的只是指市民社会的规定而言。许多现代的国家法学者都不能对国家提出除此之外任何其他看法。在市民社会中，每个人都以自身为目的，其他一切在他看来都是虚无。但是，如果他不同别人发生关系，他就不能达到他的全部目的，因此，其他人便成为特殊的人达到目的的手段。但是特殊目的通过同他人的关系就取得了普遍性的形式，并且在满足他人福利的同时，满足自己。由于特殊性必然以普遍性为其条件，所以整个市民社会是中介的基地；在这一基地上，一切癖性、一切秉赋、一切有关出生和幸运的偶然性都自由地活跃着；又在这一基地上一切激情的巨浪汹涌澎湃，它们仅仅受到向它们放射光芒的理性的节制。受到普遍性限制的特殊性是衡量一切特殊性是否促进它的福利的唯一尺度。"①如果第一个阶段的舞台是"家庭",第二个阶段的"舞台"是"市民社会",那么第三个阶段的舞台就是"国家"。"市民社会是个人私利的战场,是一切人反对一切人的战场,同样,市民社会也是私人利益跟特殊公共事务冲突的舞台,并且是它们二者共同跟国家的最高观点和制度冲突的舞台。"显然,黑格尔的这些表述与马克思在《论犹太人问题》和《共产党宣言》等文本中的表述也是相对应的,如"实际需要、利己主义是市民社会的原则;只要市民社会完全从自身产生出政治国家,这个原则就赤裸裸地显现出来。实际需要和自私自利的神就是金钱","它使人和人之间除了赤裸裸的利害关系,除了冷酷无情的'现金交易',就再也没有任何别的联系了"。这些说法都是对黑格尔市民社会表述的沿袭。

在西方马克思主义者那里,比如葛兰西和哈贝马斯等思想家那里,又赋予了市民社会新的含义。尽管黑格尔和马克思对市民社会的价值取向有所不同,但两人基本都是在物质生产关系和经济关系上使用"市民社会"这个概念的。而葛兰西则对这个概念进行了拓展,他有时甚至将这个概念从经济领域扩大到上层建筑之中。如在《狱中札记》一书中,葛兰西指出:"目前我们所能做的是确定上层建筑的两个主要的层面:一个可以称作'市民社会',即通常被称作'民间的'社会组织的集合体;另一个可称作'政治国家'或'国家'。一方面,这两个层面在统治集团通过社会而执行'领导权'只能时时一致的;另一方面,统治团的'直接统治'或命题是通过国家和'司法的'政府来执行的。"有学者曾指出,从基本内涵上讲,市民社会不再单纯代表传统的经济活动

---

① ［德］黑格尔:《法哲学原理》,范扬、张企泰译,商务印书馆1961年版,第224—225页。

领域，而代表着从经济领域中独立出来与政治领域相并列的伦理文化和意识形态领域，它既包括政党、工会、学校、教会等民间社会组织所代表的社会舆论领域，也包括报纸、杂志、新闻媒介、学术团体等所代表的意识形态领域。其中，葛兰西特别重视新的知识分子，即有机的知识分子在市民社会中的特殊地位。在西方，市民社会已经成为一个政治上层建筑和经济基础之间的中介层面，它以文化领导权的方式强有力地支撑着社会和国家。同时，葛兰西还用市民社会的理论分析了东西方革命的差异性。他指出："在俄国，国家就是一切，市民社会处于原始状态，尚未开化；在西方，国家和市民社会关系得当，国家一动摇，稳定的市民社会结构立即就会显露。国家不过是外在的壕沟，其背后是强大的堡垒和工事。"与此不同，在西方社会，"'市民社会'已经演变为更加复杂的结构，可以抵御直接经济因素（危机、萧条等等）'入侵'的灾难性后果。市民社会的上层建筑就像现代战争的堑壕配系。在战争中，猛烈的炮火有时看似可以破坏敌人的全部防御体系，其实不过损坏了他们的外部掩蔽工事；而到进军和出击的时刻，才发觉自己面临仍然有效的防御工事。在大规模的经济危机中，政治也会发生相同的事情。危机使袭击力量无力在时间和空间上闪电般组织起来；更不消说赋予他们应有的斗志。同样，防御者的士气不会涣散，他们也不会放弃阵地，在废墟当中也不例外，他们也不会丧失对自身的战斗力和对未来的信心"[1]。

与葛兰西不同，哈贝马斯将"公共领域"和"生活世界"概念引入市民社会的讨论中，对市民社会理论的当代发展作出了重要的贡献。哈

---

[1]　[意]葛兰西：《狱中札记》，曹雷雨等译，中国社会科学出版社2000年版，第191页。

贝马斯的独特之处在于，他指出市民社会由两个不同的部分构成：一是以私人占有制和资本主义为基础的市场体系，包括劳动力市场、资本市场和商品市场及其控制机制；二是由个人组成的，独立于政治国家的社会文化体系，即"公共领域"，它包括教会、文化团体和学会，还包括了独立的传媒、运动和娱乐协会、辩论俱乐部、市民论坛和市民协会，此外还包括职业团体、政治党派、工会和其他组织等。哈贝马斯认为市民社会的第二个部分即公共领域构成了市民社会的主体。此外，哈贝马斯放弃了传统"市场—国家"的两分法，而是在"市场—国家—社会"的三分法中理解市民社会（公共领域）。市民社会是既独立于经济系统又独立于政治系统的"第三者"。①

但是，德国不是和现代各国在同一个时候登上政治解放的中间阶梯的。甚至它在理论上已经超越的阶梯，它在实践上却还没有达到。它怎么能够一个筋斗〔salto mortale〕就不仅越过自己本身的障碍，而且同时越过现代各国面临的障碍呢？现代各国面临的障碍，对德国来说实际上应该看做摆脱自己实际障碍的一种解放，而且应该作为目标来争取。彻底的革命只能是彻底需要的革命，而这些彻底需要所应有的前提和基础，看来恰好都不具备。

【义释】"德国不是和现代各国在同一个时候登上政治解放的中间阶梯的。甚至它在理论上已经跨越的阶梯，它在实践上却还没有达

① 唐爱军：《〈黑格尔法哲学批判〉导读》，中央党校出版社2018年版，第43—44页。

到"，在这里，马克思讲的还是德国发展与其他现代各国的错位问题，以及德国的国家哲学的超前发展与现实中依旧没有跨越封建社会的错位问题。这些在前文中已经有说明。"越过自己本身的障碍"，指的是德国越过封建主义进入资本主义。"现代各国面临的障碍"指的是英法资本主义的矛盾，包括公民制、公民的现实自由等，以及各国社会主义革命的问题。

"它怎么能够一个筋斗〔salto mortale〕就不仅越过自己本身的障碍，而且同时越过现代各国面临的障碍呢？"这是个一般疑问句，而不是反义疑问句。在英文版里，译为："How can it do a somersault, not only over its own limitations, but also at the same time over the limitations of the modern nations, over limitations which in reality it must feel and strive for as bringing emancipation from its real limitations?"这里的"障碍"为"limitations"，也可以翻译为"局限性"。

在这里，"彻底的革命只能是彻底需要的革命"与前文的"理论在一个国家实现的程度，总是取决于理论满足这个国家的需要的程度"是一致的。

德国的历史跟英法很不一样，英国在苏格兰和英格兰合并之后，就已经逐渐形成了一个强大的主权者，霍布斯的讨论就是关于这个主权者，而法国的绝对主义传统虽然植根于封建专制传统，但客观上也能起到主权者的作用。而德国不同，在马克思的这个时代，还是邦国林立，并不存在一个主权者，也就是绝对的不可分割的权力体系。因此，对这一主权的追逐，其实有两股力量，一个是以普鲁士俾斯麦等人为代表的容克贵族，一个是1848年的民族主义者。而马克思显然对这两派都不认同，认为还有一股力量，也就是社会主义。我们现在有一种思维定式，就总是要讨论社会主义在某国实现的问题，这里某国是"本"，主义是"末"。而在马克思那里正相反。他所讨论的不是某国实现资本主义还是社会主义的问题，而是社会主义能在某国实现吗？也就是社会主义是"本"，某国是"末"。显然，这个时候，马克思认为，社会主义不能在某国实现，它只能是以超越国界的方式实现，这与资本主义形成鲜明的对比，有且只有资本主义才能在民族国家的界限内实现。

这也是马克思从来没有考虑过德国现代化问题，对于后来俾斯麦为实现德国现代化所做的努力也嗤之以鼻。也正因为社会主义/共产主义运动一开始就是一种超越民族国家界限的跨国运动，所以马克思便把其毕生精力用在了组建和指导国际工人协会的活动上。

对于"革命以怎样的方式展开"这个问题，马克思的首要回答是，绝不可能以政治革命的方式。德国社会中可以行革命的现实力量，是市民社会中另一个群体。这个群体与行政治革命的资产阶级的最大不同在于他们没有自身的特殊诉求和利益。所以，这样的一个群体，虽然长在市民社会中，但本质上已经和市民社会相分离，这就是马克思所说的无产阶级。彻底的宗教批判在德国的处境当中可被落实为哲学和无产阶级的联盟。换言之，是从彻底的理论出发，由无产阶级来担当的、以否定私有财产为原则的人的解放，才能实现对英和法国的弯道超车。

但是，如果说德国只是用抽象的思维活动伴随现代各国的发展，而没有积极参加这种发展的实际斗争，那么从另一方面看，它分担了这一发展的痛苦，而没有分享这一发展的欢乐和局部的满足。一方面的抽象痛苦同另一方面的抽象活动相适应。因此，有朝一日，德国会在还没有处于欧洲解放的水平以前就处于欧洲瓦解的水平。德国可以比做染上基督教病症而日渐衰弱的偶像崇拜者。

【义释】"德国只是用抽象的思维活动伴随现代各国的发展",指的是代表了新兴资产阶级利益诉求的黑格尔法哲学在理论上是与现代各国在实践上的发展同步的。"没有积极参加这种发展的实际斗争",指的是德国并没有像英法两国一样在现实中发生资产阶级革命。"分担了这一发展的痛苦",在笔者看来有几种解释:第一,德国的资产阶级革命虽然没有到来,但是资产阶级却屡遭镇压,即使是资产阶级革命所代表的只是一部分人的解放也没有得到"局部的满足"。第二,德国已经在理论上与英国和法国同步意识到了英法现实中发展所带来的痛苦,德国的理论家在苦苦地寻求走出这个资本主义阶段的理论可能。第三,德国和英法两国一样,在发展资本主义的时候仍然受到封建主义发展的羁绊,先辈的亡灵依然像梦魇一样在纠缠着人们的头脑。正如马克思在《资本论》第一卷第一版序言中所指出:"在其他一切方面,我们也同西欧大陆所有其他国家一样,不仅苦于资本主义生产的发展,而且苦于资本主义生产的不发展。除了现代的灾难而外,压迫着我们的还有许多遗留下来的灾难,这些灾难的产生,是由于古老的陈旧的生产方式以及伴随着它们的过时的社会关系和政治关系还在苟延残喘。不仅活人使我们受苦,而且死人也使我们受苦。死人抓住活人!"[①]

"有朝一日,德国会在还没有处于欧洲解放的水平以前就处于欧洲瓦解的水平",即使在将来的某一天德国的资产阶级革命成功了,但是

---

① 《马克思恩格斯文集》(第5卷),人民出版社2009年版,第9页。

紧接着面临的下一个要解决的问题就是它如何被瓦解。在《马克思恩格斯全集》英文版（MECW）中，"瓦解"相对应的是decadence，意为"颓废、堕落"。"偶像崇拜"可以理解为野蛮的、落后的层次，可以引申为对资本主义的崇拜。"基督教"则可以理解为进步的、文明的层次的宗教。"德国会在还没有处于欧洲解放的水平以前就处于欧洲瓦解的水平。德国可以比做染上基督教病症而日渐衰弱的偶像崇拜者。"这两句话之间是一种隐喻的关系，同时，这两句话与后文中的"现代政治领域（它的长处我们不具备）的文明缺陷同旧制度（这种制度我们完整地保存着）的野蛮缺陷"遥相呼应。

如果我们先看一下德国各邦政府，那么我们就会看到，这些政府由于现代各种关系，由于德国的形势，由于德国教育的立足点，最后，由于自己本身的良好本能，不得不把现代政治领域（它的长处我们不具备）的文明缺陷同旧制度（这种制度我们完整地保存着）的野蛮缺陷结合在一起。因此，德国就得越来越多地分担那些超出它的现状之上的国家制度的某些方面，即使不是合理的方面，至少也是不合理的方面。例如，世界上有没有一个国家，像所谓立宪德国这样，天真地分享了立宪国家制度的一切幻想，而未分享它的现实呢？而德国政府突发奇想，要把书报检查制度的折磨和以新闻出版自由为前提的法国九月法令的折磨结合在一起，岂不是在所难免！正像在罗马的万神庙可以看到一切民族的神一样，在德意志神圣罗马帝国可以看到一切国家形式的罪恶。这种折中主义将达到迄今没有料到的高度，而一位德国国王在政治上、审美上的贪欲将为此提供特别的保证，这个国王想扮演王权的一切角色——封建的和官僚的，专制的和立宪的，独裁的和民主的；他想，这样做如果不是以人民的名义，便是以他本人的名义，如果不是为了人民，便是为他自己本身。德国这个形成一种特殊领域的当代政治的缺陷，如果不摧毁当代政治的普遍障碍，就不可能摧毁德国特有的障碍。

【义释】在本段中，指出了德国统治者的丑态是德国落后的主要原因。其中，德国教育的立足点，指的是官方对教育的意识形态控制。1819年8月1日，奥地利和普鲁士针对德意志邦联达成了《泰普利茨草约》，对德意志邦联内的新闻、大学和邦议会进行监督。1819年9月20日，著名的"卡尔斯巴德决议"颁布，其结果是："取消言论和创作自由，严格检查一切印刷品；所有大学置于政府严厉监控之下，辞退和解除所有具有自由主义和民族主义思想的教授和教师的公职；在美因茨设立中央审查委员会，搜查和逮捕一切危害现行宪法、内部乃至整个邦联稳定的阴谋颠覆分子，煽动分子及组织。"1842年，马克思写作《评普鲁士最近的书报检查令》就对此进行了强烈批判："普鲁士政府在1819年曾经颁布过关于实行书报检查的法令。1830年七月革命后又增加了一些新的书报检查措施。1840年以后，普鲁士自由主义反对派对新闻出版自由的要求日益强烈，为了适应政治形势的变化，普鲁士政府颁布了新的书报检查令。这项新法令使自由主义者产生了不切实际的幻想，以为新闻出版自由的新时代即将到来。然而新的书报检查令只是表面上不限制作家的写作活动，实际上它不仅保存而且还加强了反动的普鲁士书报检查制度。"

德国本来想赶一回时髦，佯装学习现代文明国家，但却东施效颦，文明的东西没有学会，却学会了一堆缺陷。结果就是旧的毛病叠加上了新的缺陷，即德国同时具有资本主义政治领域的缺陷和封建社会发展的缺陷这种"双重缺陷"。德国成了一个"杂货铺"，先进的和腐朽的，现实的和虚幻的，封建的和官僚的，专制的和立宪的，独裁的和民主的，自由与保守、统一与分裂、法的普遍精神与利益的特殊性、旧章和新制等等。"书报检查制度"和"九月法令"的结合，正是前文所说的"野蛮缺陷"和"文明缺陷"的结合的例证。

"一位德国国王在政治上、审美上的贪欲将为此提供特别的保证"，这里马克思所谓"德国国王"指的是威廉四世。"1840年春，弗里德里希·威廉三世逝世，弗里德里希·威廉四世即位。青年黑格尔派曾对新王满怀希望，实际上他比老王更反动。他仇视法国革命，梦想恢复中世纪的政治和社会制度。刚即位时，他曾采用了一些伪善的手段，骗取信任，随后就脱去了披在专制制度上的华丽外衣，暴露了自己的真面目。他反对1815年许诺的宪法和召集邦国民议会，并且对青年黑格尔派进行镇压，他加强思想控制，对任何自由主义的表现，都坚决反对。"[1]威廉四世既要民主面子，又想要高度专制统治的里子。他还是一个浪漫主义的门徒，对建筑学及风景园林颇有兴趣，是当时著名建筑家卡尔·弗里德里希·申克尔的老主顾。马克思在这里所说的"审美上的贪欲"大概指的这个。

"九月法令"是法国政府利用路易·菲利浦1835年7月28日遭谋刺这一事件于当年9月9日颁布的法令。这项法令限制了陪审人员的权利，

---

[1]　陈先达、靳辉明：《马克思早期思想研究》，北京出版社1983年版，第11页。

对新闻出版业采取了多项严厉措施，增加了定期刊物的保证金；规定对发表反对私有制和现行政治体制言论的人以政治犯罪论处并课以高额罚款。①

马克思在这里讲的"德国政府突发奇想"，是指1843年1月31日德国政府颁发的"书报检查令"、1843年2月23日颁发的《关于书报检查机关的组织的规定》、1843年6月30日发布的《指令，包括对1843年2月23日的规定所作的有关新闻出版和书报检查条例的若干必要补充》。②

神圣罗马帝国（962—1806年）是欧洲封建帝国。公元962年，德意志国王奥托一世在罗马由教皇加冕，成为帝国的最高统治者。1034年帝国正式称为罗马帝国。1157年称神圣帝国，1254年称神圣罗马帝国。到1474年，神圣罗马帝国被称为德意志民族神圣罗马帝国。帝国在不同时期包括德意志、意大利北部和中部、法国东部、捷克、奥地利、匈牙利、荷兰和瑞士，是具有不同政治制度、法律和传统的封建王国和公国以及教会领地和自由城市组成的松散的联盟。1806年，对法战争失败后，弗兰茨二世被迫放弃神圣罗马帝国皇帝的称号，这一帝国便不复存在了。③

对德国来说，彻底的革命、普遍的人的解放，不是乌托邦式的梦想，相反，局部的纯政治的革命，毫不触犯大厦支柱的革命，才是乌托邦式的梦想。局部的纯政治的革命的基础是什么呢？就是市民社会的一部分解放自己，取得普遍统治，就是

① 《马克思恩格斯文集》（第1卷），人民出版社2009年版，第766页。
② 《马克思恩格斯选集》（第1卷），人民出版社2012年版，第869页。
③ 《马克思恩格斯选集》（第1卷），人民出版社2012年版，第869页。

一定的阶级从自己的特殊地位出发，从事社会的普遍解放。只有在这样的前提下，即整个社会都处于这个阶级的地位，也就是说，例如既有钱又有文化知识，或者可以随意获得它们，这个阶级才能解放整个社会。

【义释】在《论犹太人问题》中，马克思指出："只是探讨谁应当是解放者、谁应当得到解放，这无论如何是不够的。批判还应当做到第三点。它必须提出问题：这里指的是哪一类解放？人们所要求的解放的本质要有哪些条件？"[①]显然，这一段话也是在讨论政治解放和人的解放的关系，以及德国进行政治解放的不可能性。在《论犹太人问题》中，马克思首次提出"政治解放"和"人类解放"的概念，前者指向一种剥削制度代替另一种剥削制度的资产阶级革命，后者则是废除生产资料私有制，消灭剥削阶级的无产阶级革命。

这里的"局部的纯政治的革命"指的是资产阶级革命。在马克思看来，德国要么不解放，如果要解放的话，必须"一个筋斗"越过政治解放，直接实现人的解放。因为如果简单重复英国和法国的资产阶级革命的话，并不能解决德国的矛盾和问题。政治革命只是市民社会的一部分的解放，而不是整个社会的解放，它是"毫不触犯大厦支柱"（私有制）的革命，它只是"乌托邦式的梦想"。此外，资产阶级的力量是有限的，它还没有完全发展起来，它刚刚开始同高于自己的阶级（封建贵族）进行斗争，就卷入了同低于自己的阶级（无产阶级）的斗争。资产阶级也缺少无产阶级的那种坚毅、胆识和果敢，缺乏和人民魂魄相同的

---

① 《马克思恩格斯文集》（第1卷），人民出版社2009年版，第25页。

开阔胸怀和革命大无畏精神。

事实上，马克思已经远远超过了将资产阶级民主制当作最高目标的一切民主派，他所追求的不是政治解放，而是人的解放。这是一种与青年黑格尔派的政治主张不同的思路。青年黑格尔派认为那些既有钱又有文化知识的市民阶级可以承担起这个任务，但事实证明，这个阶级在法国却成为奴役者，并开始积聚社会普遍的缺陷。不同于青年黑格尔派，马克思则强调这个阶级的特殊性，这个阶级必须与整个社会亲如兄弟并成为社会的总代表。

当然，从社会的发展来看，政治解放已经是一个很大的进步，但是这种解放并不彻底。比如，资本主义社会所宣布的民主、自由和人权，较之于封建社会而言，当然是已经前进了一步，但是这种所谓民主、自由和人权，具有鲜明的资产阶级性质，仍然是一种虚伪的、带有欺骗性的资产阶级法权。在对1791年、1793年的法国人权和公民权宣言经过剖析之后，马克思指出："究竟是什么人呢？不是别人，就是市民社会的成员"，"任何一种所谓人权都没有超出利己主义的人，没有超出作为市民社会成员的人，即作为封闭于自身，私人利益，私人任性，同时脱离社会整体的个人的人。"[①]所谓"自由"，也只是工人阶级将自己卖给谁的自由，而并没有卖不卖的自由。

实际上，马克思这一时期对"德国革命往何处去"的回答与其晚年对"俄国革命往何处去"的回答具有某种内在一致性和同质性。马克思指出，在德国当前的历史性质及现实下，资产阶级革命是"乌托邦式的梦想"。为什么？马克思在下文中做了回答。

---

① 《马克思恩格斯全集》（第1卷），人民出版社1956年版，第437、439页。

在市民社会，任何一个阶级要能够扮演这个角色，就必须在自身和群众中激起瞬间的狂热。在这瞬间，这个阶级与整个社会亲如兄弟，汇合起来，与整个社会混为一体并且被看做和被认为是社会的总代表；在这瞬间，这个阶级的要求和权利真正成了社会本身的权利和要求，它真正是社会的头脑和社会的心脏。只有为了社会的普遍权利，特殊阶级才能要求普遍统治。要夺取这种解放者的地位，从而在政治上利用一切社会领域来为自己的领域服务，光凭革命精力和精神上的自信是不够的。要使人民革命同市民社会特殊阶级的解放完全一致，要使一个等级被承认为整个社会的等级，社会的一切缺陷就必定相反地集中于另一个阶级，一定的等级就必定成为引起普遍不满的等级，成为普遍障碍的体现；一种特殊的社会领域就必定被看做是整个社会中昭彰的罪恶，因此，从这个领域解放出来就表现为普遍的自我解放。要使一个等级真正［par excellence］成为解放者等级，另一个等级就必定相反地成为公开的奴役者等级。法国贵族和法国僧侣的消极普遍意义决定了同他们最接近却又截然对立的阶级即资产阶级的积极普遍意义。

【义释】马克思在这里指出了革命能够发生的普遍规律或条件："在市民社会，任何一个阶级要能够扮演这个角色，就必须在自身和群众中激起瞬间的狂热。在这瞬间，这个阶级与整个社会亲如兄弟，汇合起来，与整个社会混为一体并且被看做和被认为是社会的总代表；在这瞬间，这个阶级的要求和权利真正成了社会本身的权利和要求，它真正是社会的头脑和社会的心脏。"这显然是马克思考察了之前的法国资产阶级革命后所得出的结论。正如在法国大革命期间西耶斯于他的《论特权·第三等级是什么？》中明确宣称的那样：第三等级是什么？是一切，是整个国家。第三等级在政治秩序中的地位是什么？什么也不是。第三等级要求什么？要求取得某种地位。显然，这与青年黑格尔派那种寄托于少数杰出人物排斥群众的观点形成鲜明的对比。青年黑格尔派认为，"到现在为止，历史上的一切伟大的活动之所以一开始就是不成功的和没有实际成效的，正是因为它们引起了群众的关怀和唤起了群众的热情。"鲍威尔甚至还污蔑"群众是革命剩下来的渣滓"，并将法国资产阶级革命的"失败"归咎于群众的参与。

"要使人民革命同市民社会特殊阶级的解放完全一致，要使一个等级被承认为整个社会的等级，社会的一切缺陷就必定相反地集中于另一个阶级，一定的等级就必定成为引起普遍不满的等级，成为普遍障碍的体现；一种特殊的社会领域就必定被看做是整个社会中昭彰的罪恶，因此，从这个领域解放出来就表现为普遍的自我解放。"[①]我们还拿西耶斯的《论特权·第三等级是什么？》举例，在这本小册子中，西耶斯宣称"没有第三等级，将一事无成，没有特权等级，一切将更为顺利"。特权等级是国家中的异己力量，"他们的目的不是保卫普遍利益，而是保卫特殊利益，所以他们的原则和目的与国民是格格不入的"，因此他们无权代表人民。僧侣和贵族就成了马克思这里所说的"一定的等级就必定成为引起普遍不满的等级，成为普遍障碍的体现"。

在马克思看来，按照以上的普遍规律或条件来看，德国资产阶级显

---

① 这正是1789年大革命之前法国的情形。

然是发育不良的。而且德国的每个阶级都把精力投入多个战线之中，正如在《导言》中马克思所言，即"一个阶级刚刚开始同高于自己的阶级进行斗争，就卷入了同低于自己的阶级的斗争。因此，当诸侯同君王斗争，官僚同贵族斗争，资产者同所有这些人斗争的时候，无产者已经开始了反对资产者的斗争。中等阶级还不敢按自己的观点来表达解放的思想，而社会形势的发展以及政治理论的进步已经说明这种观点本身陈旧过时了，或者至少是成问题了"。

需要注意的是，在这里，马克思对"阶级"和"等级"这两个概念的使用，还没有明确地加以区分，还是混合在一起使用的；一直到了《共产党宣言》，他才将这两个概念明确区分开来。

　　但是，在德国，任何一个特殊阶级所缺乏的不仅是能标明自己是社会消极代表的那种坚毅、尖锐、胆识、无情。同样，任何一个等级也还缺乏和人民魂魄相同的，哪怕是瞬间相同的那种开阔胸怀，缺乏鼓舞物质力量去实行政治暴力的天赋，缺乏革命的大无畏精神，对敌人振振有词地宣称：我没有任何地位，但我必须成为一切。德国的道德和忠诚——不仅是个别人的而且也是各个阶级的道德和忠诚——的基础，反而是有节制的利己主义；这种利己主义表现出自己的狭隘性，并用这种狭隘性来束缚自己。因此，德国社会各个领域之间的关系就不是戏剧性的，而是叙事式的。每个领域不是在受到压力的时候，而是当现代各种关系在没有得到它的支持的情况下确立了一种社会基础，而且它又能够对这种基础施加压力的时候，它才开始意识到自己，才开始带着自己的特殊要求同其他各种社会领域靠拢在一起。就连德国中等阶级道德上的自信也只以自己是其他一切阶级的平庸习性的总代表这种意识为依据。因此，不仅德国国王们登基不逢其时［mal-à-propos］，而且市民社会每个领域也是未等庆祝胜利，就遭到了失败，未等克服面前的障碍，就有了自己的障碍，未等表现出自己的宽宏大度的本质，就表现了自己心胸狭隘的本质，以致连扮演一个重要角色的机遇，也是未等它到手往往就失之交臂，以致一个阶级刚刚开始同高于自己的阶级进行斗争，就卷入了同低于自己的阶级的斗争。因此，当诸侯同君王斗争，官僚同贵族斗争，资产者同所有这些人斗争的时候，无产者已经开始了反对资产者的斗争。中等阶级还不敢按自己的观点来表达解放的思想，而社会形势的发展以及政治理论的进步已经说明这种观点本身陈旧过时了，或者至少是成问题了。

【义释】上一段马克思指出了革命能够发生的普遍规律或条件。在本段，他用一个转折连词"但是"开头，指出了德国发生政治革命的不可能性。"但是，在德国，任何一个特殊阶级所缺乏的不仅是能标明自己是社会消极代表的那种坚毅、尖锐、胆识、无情。同样，任何一个等级也还缺乏和人民魂魄相同的，哪怕是瞬间相同的那种开阔胸怀，缺乏鼓舞物质力量去实行政治暴力的天赋，缺乏革命的大无畏精神，对敌人振振有辞地宣称：我没有任何地位，但我必须成为一切。"政治革命的爆发，一方面必须有社会消极的代表，另一方面要有社会的积极的代表。在这两种极端对立力量电光石火般地碰撞之中，革命才可能会爆发。

在法国，"社会消极代表"当然是指那些没落的贵族和僧侣等，而"社会积极代表"则是指法国的资产阶级。马克思认为，这些条件德国都不具备，德国并没有像法国那样尖锐的阶级对立。相反，德国的资产阶级表现得十分软弱，他们既缺乏革命精神，也缺乏生命力，而且还因为畏惧工人运动，转而与传统的政治势力勾结在一起，出现了一种资产阶级的封建化倾向，这就使得德国无法实现真正的议会民主制。他们虽然向往资本主义制度，但是缺乏勇气和力量去用革命的手段推翻封建统治，无法承担政治解放（资产阶级革命）的任务。

事实上，费尔巴哈"以美文学的词句代替了科学的认识，主张靠'爱'来实现人类的解放，而不主张用经济上改革生产的办法来实现无产阶级的解放"，同时，他还在有对抗阶级的社会中宣扬博爱、调和的思想，以掩饰阶级对立，否定阶级斗争，认为依靠教育就可以使社会和平地进步，这是很典型的德国资产阶级民主派的软弱性和资本主义发展的滞后性在哲学思想上的反映。马克思向往的是法国大革命中第三等级的那种革命的担当性、勇敢性。他们可以"振振有词地宣称：我没有任何地位，但我必须成为一切"。黑格尔称之为是"一次壮丽的日出""一个光辉灿烂的黎明"。

革命的发生，既需要物质因素，也需要主动性和积极性，还需要激情、热情，以及阶级意识。显然，与法国相比，德国的资产阶级在这些方面都是匮乏的。"坚毅、尖锐、胆识、无情""我没有任何地位，但我必须成为一切"，这些话是马克思对无产阶级开展革命斗争提出的期待和要求。只有"坚毅、尖锐、胆识、无情"，才能树立"革命的大无畏精神"。马克思在致卢格的信中指出："对现存的一切进行无情的批判，所谓无情，就是说，这种批判既不怕自己所作的结论，也不怕同现有各种势力发生冲突。"习近平总书记在《中共中央关于党的百年奋斗重大成就和历史经验的决议》中指出，要"敢于斗争、善于斗争，逢山开道、遇水架桥"。这是新时代中国共产党人对"坚毅、尖锐、胆识、无情"的革命品质的诠释、继承和发扬，也是对"我没有任何地位，但我必须成为一切"的革命大无畏精神的高度概括。

本段后面，"一个阶级刚刚开始同高于自己的阶级进行斗争，就卷入了同低于自己的阶级的斗争"。指的是资产阶级，它还未能完全战胜封建阶级，就卷入了同无产阶级的斗争。

在法国，一个人只要有一点地位，就足以使他希望成为一切。在德国，一个人如果不想放弃一切，就必须没有任何地位。在法国，部分解放是普遍解放的基础。在德国，普遍解放是任何部分解放的必要条件［conditio sine qua non］。在法国，全部自由必须由逐步解放的现实性产生；而在德国，却必须由这种逐步解放的不可能性产生。在法国，人民中的每个阶级都是政治上的理想主义者，它首先并不感到自己是个特殊阶级，而感到自己是整个社会需要的代表。因此，解放者的角色在戏剧性的运动中依次由法国人民的各个不同阶级担任，直到最后由这样一个阶级担任，这个阶级在实现社会自由时，已不再以在人之外的但仍然由人类社会造成的一定条件为前提，而是从社会自由这一前提出发，创造人类存在的一切条件。在德国则相反，这里实际生活缺乏精神活力，精神生活也无实际内容，市民社会任何一个阶级，如果不是由于自己的直接地位、由于物质需要、由于自己的锁链本身的强迫，是不会有普遍解放的需要和能力的。

【义释】马克思所出生的莱茵省在1814年之前一直是法国的领土，也必定受到过法国大革命的洗礼。同时，1843年在克罗兹纳赫期间，马克思还阅读过大量的关于法国大革命的历史。又加之"德法年鉴"时期，马克思移居到法国并进行了实地考察。因此，马克思对德国和法国的情况掌握得比较透彻和明晰。在本段中，马克思主要是将德国和法国做了一个对比。

法国人会因为自己有一点地位而渴望成为一切，他们具有伟大的时代感召性格，并相信可以创造人类的一切存在条件。法国人的理想主义使他们追求彻底的革命，因而任何一点凭借都能成为革命的条件。德国则相反，他们如果不被逼到死角，不是由于直接的生存本身受到威胁，不是连物质需要都受到威胁，他们是不会起来革命的。这个时候，若是有一个阶级能够席卷这个德国，那它就只能是无产阶级。紧接着，在后文中，马克思先是描述了在德国能起来革命的那个阶级所需要的一系列的条件，最后得出了只有无产阶级能胜任这个任务的结论。

"在法国，一个人只要有一点地位，就足以使他希望成为一切。"马克思这时眼里的法国，有点跟后来的美国相类似。19世纪的"美国梦"即指一种相信只有经过努力不懈的奋斗便能拥有更好生活的理想，或者说，更好的理想生活只能通过自己的勤奋工作、勇气、决心、创意，而非依赖于特定的社会阶级和他人的援助，换言之出身对于一个人的社会地位而言已经是微不足道的了。也就是说，在马克思看来，经过革命改造后的法国，于连们已经不复存在或不再需要了（于连是司汤达的《红与黑》中的男主角，代表了在等级森严的社会里为了向上爬而不择手段的野心家）。为了对照德国的落后，显然马克思在这里对法国的看法有点理想化了（《红与黑》是以拿破仑失败后的复辟时期的法国为背景）。"在德国，一个人如果不想放弃一切，就必须没有任何地位。"马克思这时眼里的德国，倒可以跟后来的俄国相类似。与马克思几乎同龄的俄国贵族赫尔岑，用他的经历真真切切诠释了"一个人如果不想放弃一切，就必须没有任何地位"。此外，在1843年3月写给卢格的信中，马克思还拿彼时的德国与荷兰作了对比："根据这里的和法国的报纸来判断，德国已深深地陷入泥潭，而且会越陷越深。我向您保证，连丝毫没有民族自尊心的人也会感受到这种民族耻辱，即使在荷兰也是如此。一个最平凡的荷兰人与一个最伟大的德国人相比，仍然是一个公民。"[①]在任何一个专制集权国家里，个人所拥有的一切财产，无论大小多少，都以他在政治上的毫无地位为前提。这与在民主自由国家里，个人只要拥有公民权，就可以使他的希望得以实现形成了鲜明对比。

需要注意的是，马克思在这里拿法国和德国做对照，目的是要阐明他的革命理论主张，因而在一定程度上，对法国和德国都做了理想化阐释，并不能拿现实中的法国和德国一一对应。在一定意义上，可以把法国革命及其所实现的解放和自由理解为以前发生过的革命和所实现的政治解放、形式自由，而把德国革命以及所要实现解放和自由理解为未来革命将要实现的社会解放和实质自由之类的东西。因为，在马克思这里，并不是像常人所理解的那样把法国和德国看作两个民族国家，而是

---

① 《马克思恩格斯文集》（第10卷），人民出版社2009年版，第5页。

一个代表了革命的过去成就，一个预示着革命的未来图景。为什么马克思会有这样的看法呢？因为在法国革命，资产阶级和无产阶级还同属于市民阶级，也就是"法国人民的各个不同阶级"，而未来的德国革命就不尽然了，这时资产阶级和无产阶级已经发生了分裂，因而马克思说"市民社会任何一个阶级，如果不是由于自己的直接地位、由于物质需要、由于自己的锁链本身的强迫，是不会有普遍解放的需要和能力的"。显然，这里预示着只有无产阶级才由于自己的直接地位、物质需要、锁链强迫等具备了普遍解放的需要和能力。换言之，不能把法国和德国理解为两个国家，而应该理解为两个时代，前者是资产阶级革命的时代，后者则是无产阶级革命的时代，马克思的整篇文章都是为了论述无产阶级的历史使命，绝非为了证明德国的世界历史作用（这是黑格尔的民族精神和时代精神的套路）。

那么，德国解放的实际可能性到底在哪里呢？

答：就在于形成一个被戴上彻底的锁链的阶级，一个并非市民社会阶级的市民社会阶级，形成一个表明一切等级解体的等级，形成一个由于自己遭受普遍苦难而具有普遍性质的领域，这个领域不要求享有任何特殊的权利，因为威胁着这个领域的不是特殊的不公正，而是普遍的不公正，它不能再求助于历史的权利，而只能求助于人的权利，它不是同德国国家制度的后果处于片面的对立，而是同这种制度的前提处于全面的对立，最后，在于形成一个若不从其他一切社会领域解放出来从而解放其他一切社会领域就不能解放自己的领域，总之，形成这样一个领域，它表明人的完全丧失，并因而只有通过人的完

全回复才能回复自己本身。社会解体的这个结果，就是无产阶

级这个特殊等级。

【义释】在这两段中，马克思总结性地提出了德国解放的实际可能

性到底在哪里的问题，并做了回答。

"实践政治派"和"理论政治派"实际上已经提出了资产阶级的政

治解放问题。但是，马克思认为，资产阶级的政治解放是行不通的，因

为德国的实际情况和法国存在极大的差异。因此，马克思看不到在德国

进行政治解放的可能性。如果要实现德国的解放，那这个解放必须越过

政治解放这个中间阶梯，两步并作一步走，一个筋斗跨过中间阶梯直接

实现人的解放。也就是说，马克思从政治革命的"不可能性"中得出

了德国无产阶级革命的"可能性"。但是，这种"可能性"必须有一

个前提，那就是无产阶级的形成。"无产阶级"的概念在马克思这里

出场了。

列宁高度赞扬了马克思所提出的"无产阶级"这一概念，他指出：

"马克思学说中的主要一点，就是阐明了无产阶级这个社会主义社会创

造者的具有世界历史意义的作用。"马克思在《德法年鉴》上发表的

论文，"已表明他是一位革命家，主张'对现存的一切进行无情的批

判'，尤其是主张'武器的批判'；他诉诸群众，诉诸无产阶级"[1]。

此外，列宁还指出，"马克思最初提出这个学说，是1844年"。在1844

年7月底，在《评"普鲁士人"的"普鲁士国王和社会改革"一文》

中，马克思用更加生动的比喻将无产阶级比作童话中的灰姑娘，他说：

---

[1] 《马克思恩格斯全集》（第1卷），人民出版社1956年版，第14页。

"只要把德国的政治论著中的那种俗不可耐畏首畏尾的平庸气拿来和德国工人的这种史无前例光辉灿烂的处女作比较一下，只要把无产阶级巨大的童鞋拿来和德国资产阶级的矮小的政治烂鞋比较一下，我们就能够预言德国的灰姑娘将来必然长成一个大力士。"①

马克思在这一时期所提出的"无产阶级"概念，在学术界一直存在不同的理解。如有学者认为，马克思在这里所宣称的"无产阶级"是非经验的，是他在哲学的意义上对无产阶级的定义，或者源于对无产阶级所处境况在道德上的同情与悲悯。这种定义和理解，不同于后来从经济学和社会学的视角对无产阶级进行的定义。此外，这部分学者还认为，这种在哲学意义上对无产阶级的描述来自黑格尔哲学，"对无产阶级世界历史作用的考察是通过一种纯粹思辨的方式得到的，这种方式就是'颠倒'黑格尔建立起的客观精神的两两不同形式之间的关系"②。另有一部分学者，如洛维特等则认为，马克思在这里的无产阶级的宣称源自黑格尔的思辨哲学，而黑格尔的思想则是源于新教。因此，马克思的无产阶级宣称从根本上源自基督教的救世观，只不过无产阶级扮演的是以色列受难仆人的角色。"资产阶级和无产阶级这两大敌对阵营的最终对抗，与对最后的历史时期中基督教徒与反基督教徒之间决战的信仰相对立"，"资本主义世界的最终危机，就是最终的审判"。③此外，还有一部分日本学者，如内田树和石川康宏等认为，马克思在《导言》中所使用的"无产阶级""阶级"等概念几乎没有任何斟酌，"对于论文的后半部分出现的'阶级''无产阶级'这样的词语，这个时期的马

---

① 《马克思恩格斯全集》（第1卷），人民出版社1956年版，第483页。

② ［英］戴维·麦克莱伦：《马克思传》，王珍译，中国人民大学出版社2006年版，第101页。

③ ［德］洛维特：《世界历史与救赎历史》，李秋零、田薇译，商务印书馆2016年版，第55页。

克思并没有给出定义和较为成熟的解释。在写于四年之后的《共产党宣言》中，这些术语已经成为马克思主义的关键词，但是它们在马克思的各个文献中'最开始'出现时，几乎没有经过任何斟酌（收录在《全集》中的同一时期的文献、书信也没有提到过）。至少在那个阶段，马克思只是根据当时的常识，按照普遍使用的意义在运用这些词语"①。

在笔者看来，洛维特对无产阶级"基督教的救世观"的解读显然是一种误读。马克思是在法国大革命的分析基础之上，以及他与法国社会主义知识分子的接触并结合德国的现实得出的"无产阶级"的概念。在以往的阶级社会中，任何一个阶级的解放，都意味着会带来新的剥削和压迫，但无产阶级的解放包含着全人类的解放，或者说无产阶级只有解放全人类才能解放自己。正如伊格尔顿所言："它（无产阶级，笔者加）类似于古代因代表着一种普遍的罪恶而被驱逐出城的替罪羊，也正是出于相同的原因，它有能力成为一种全新的社会秩序的基石。因为工人阶级对资本主义制度来说既是必要的却又被其排斥在外，这一'不是阶级的阶级'就成了一道难解之谜。仅就其字面意思而言，工人阶级创造了社会秩序——资本主义的整个大厦都是建筑在他们默默无闻、持之以恒的劳动之上的——但它在这个秩序内却没有真正的代理人，其人性一面也没有完全获得承认。它既发挥了作用又一无所有，既特殊又普遍，既是公民社会的一个不可缺少的组成部分又是一种虚无。""工人阶级意味着资本主义社会秩序的整个逻辑开始瓦解和消融的时点。如果文明是一副扑克牌，工人阶级就是这副扑克牌里的王，一个既不在文明

---

① ［日］内田树、石川康宏：《青年们，读马克思吧！》，李春霞译，东方出版社2022年版，第55页。

内部也不在文明外部的因素，在这里，那种生活方式被迫与构成它自己的矛盾相对抗。由于工人阶级在现状中并没有任何实在的利益，因此它在现状内部往往是部分无形的；但也正是出于相同的原因，它能够预见一种完全不同的未来。从'瓦解'社会的消极意义上讲，它是社会秩序难以真正容纳的垃圾或废品。从这个意义上讲，要将工人阶级重新纳入社会秩序之中，需要进行多么激烈的破坏和重建。但是，从更为积极的意义上讲，在当前社会瓦解之后，工人阶级一旦掌握政权，必将最终废除整个阶级社会。到那时，个体终将摆脱社会阶级的束缚，能够作他们自己而蓬勃发展。就这个意义而言，工人阶级也具有'普遍性'，因为它在寻求改变自身境况的同时，也将拉下整个阶级社会叙事本身肮脏的帷幕。"①

在笔者看来，在"莱茵报"时期，无论是对捡拾枯树枝的农民的辩护，还是支持"一无所有的等级要求占有中等阶级的一部分财产"的正义呼声，尽管马克思对无产者表现出了极大的同情，但是他还并没有从理论上认识到无产阶级的历史作用。但是，在"德法年鉴"时期，马克思已经开始意识到无产阶级的历史作用。在这里，是马克思对无产阶级伟大历史作用的最初阐明，但这种阐明仍然是以抽象人道主义的观点为出发点，并不是历史唯物主义的。这种思想在《神圣家族》和《德意志意识形态》中进行了进一步的深化。在《共产党宣言》中，他才使之完善的发展成为无产阶级专政的理论。

在这里"并非市民社会阶级的市民社会阶级"指的是，无产阶级虽然形成于市民社会（市民社会阶级因为内在矛盾发生分裂而形成的），

---

① ［英］特里·伊格尔顿：《马克思为什么是对的》，李杨等译，重庆出版社2018年版，第164页。

但却是一个没有市民社会阶级权利和本质（即私有财产）的阶级，因此，它在某种意义上是解释了市民社会的虚伪，是对市民社会的否定。

"表明一切等级解体的等级"指的是，尽管无产阶级有着等级之名但却是在等级社会没有等级权利的等级。"若不从其他一切社会领域解放出来从而解放其他一切社会领域就不能解放自己的领域"指的是，如果不使整个社会摆脱阶级统治和阶级压迫，它就不能解放自己，因为它自己本身就是被统治和压迫的阶级。正如洛维特所言："无产阶级之所以是历史唯物主义的特选子民，恰恰是因为它被排除在占统治地位的社会的特权之外。西哀士在法国革命爆发前曾宣告，市民什么也不是，但正因为此他才有权利成为一切；与此相同，在市民社会胜利之后五十年，马克思也宣告了从市民社会中发展出来的无产阶级的历史使命。无产阶级提出了彻底的要求，因为它被彻底地异化了。无产阶级作为现存社会的一个例外，生活在这个社会的边缘，它是唯一有可能变得标准化的可能阶级。因为尽管现存社会的崩溃在资产阶级身上和在无产阶级身上以同样的规模表现出来，但是，唯有无产阶级才承担着一种普遍的使命，具有一种拯救的功能，因为它的特殊性就在于它完全没有市民特权。无产阶级不是现存社会内部的一个阶级，而是在它之外的一个阶级，正因为此，它是一种绝对的、无阶级的社会的希望。由于它以最高的、人的方式表现和集中了所有社会领域的对抗，所以，无产阶级是解开整个人类社会问题的钥匙。不同时解放作为整体的社会，无产阶级就不能把自己从资本主义的锁链中解放出来。"[①]

"形成这样一个领域，它表明人的完全丧失，并因而只有通过人的

---

① ［德］洛维特：《世界历史与救赎历史》，李秋零、田薇译，商务印书馆2016年版，第47页。

完全回复才能回复自己本身。社会解体的这个结果，就是无产阶级这个特殊等级。"从这些表述中可以看出，马克思已经初步形成了后来在"巴黎手稿"中才充分表达的异化思想。

> 德国无产阶级只是通过兴起的工业运动才开始形成；因为组成无产阶级的不是自然形成的而是人为造成的贫民，不是在社会的重担下机械地压出来的而是由于社会的急剧解体、特别是由于中间等级的解体而产生的群众，虽然不言而喻，自然形成的贫民和基督教日耳曼的农奴也正在逐渐跨入无产阶级的行列。

【义释】马克思认为，随着机器大工业的发展，德国无产阶级的人数会持续增加。德国无产阶级的来源有："中间等级的解体而产生的群众""自然形成的贫民和基督教日耳曼的农奴"等。马克思首次将无产阶级与资本主义工业生产、工业运动联系起来。无产阶级的利益、生活习惯会逐渐趋于同一性，结合成大集体。无产阶级的聚集与同质化必将极大增强自身力量，从而真正"联合起来"。

同时，马克思在这里强调了无产阶级"不是自然形成的而是人为造成的贫民"。这里的"自然形成的"大概暗指的是马尔萨斯的《人口论》。马尔萨斯在《人口论》中指出：食物为人类生存所必需，两性间的情欲是人类的本能，这样便出现了人口增长与食物增长的关系问题。人口在无限制时按几何级数（1、2、4、8……）增长，粮食、人类的生活资料则是按算术级数（1、2、3、4……）增长。据此，他得出人口增长总要超过生活资料的增长，并认为这是一个"永恒的规律"。正是这个"规律"的作用，才使全体人类陷于贫困和争斗。在马尔萨斯看来，无论是资本主义的对外侵略，还是资本主义国家工人的悲惨生活，全都取决于这个规律。总之，他将贫困、罪恶、无产阶级及其悲惨生活完全视为是自然（人口规律的作用）形成的，而不是社会经济和政治制度造成的，更与资产阶级没有任何干系。这里的"人为造成的"，指的是以资本主义工业生产为业的工厂主、资本家。随着德国工业的发展，社会逐渐解体，产生了资产阶级和无产阶级两大对立的阶级。无产阶级是在资本主义这架机器中被形成的。"贫民"指的是"雇佣工人"。

关于无产阶级，这里有两个非常重要的地方需要注意。第一，无产阶级不是从来就有的；第二，无产阶级不是自然形成的。或者说，无产阶级的形成具有历史性和社会性。关于无产阶级的形成过程，《共产党宣言》里从历史性方面进行了相对详细的论述，而《资本论》则从社会性方面进行了相对科学的分析，这里就不做赘述了。此外，马克思这里讲，无产阶级不是社会重担下机械压出来的，而是由于社会的急剧解体，特别是中间等级的解体中产生的群众。可以说，这里澄清了两个普遍误读：一是把无产阶级单纯理解为受苦受难的群体，视之为社会的异己力量（这来源于黑格尔的"贱民"学说）；二是把无产阶级看作是由以前的贫民和农奴转换而来，虽然这两者确实在转入无产阶级的行列，但无产阶级实际上来源于市民阶级也就是中间等级的解体。为什么要强调这一点呢？因为无产阶级和资产阶级实际上是一个藤上结下的两个果，绝不是它们有两个不同的起源，无论是《共产党宣言》还是《资本论》都是这样来看待无产阶级与资产阶级之间的关系的。

马克思在《共产党宣言》中关于"无产阶级"形成的论述如下："在过去的各个历史时代，我们几乎到处都可以看到社会完全划分为各个不同的等级，看到社会地位分成多种多样的层次。在古罗马，有贵族、骑士、平民、奴隶，在中世纪，有封建主、臣仆、行会师傅、帮工、农奴，而且几乎在每一个阶级内部又有一些特殊的阶层。从封建社会的灭亡中产生出来的现代资产阶级社会并没有消灭阶级对立。它只是用新的阶级、新的压迫条件、新的斗争形式代替了旧的。但是，我们的时代，资产阶级时代，却有一个特点：它使阶级对立简单化了。整个社会日益分裂为两大敌对的阵营，分裂为两大相互直接对立的阶级：资产阶级和无产阶级。"①此外，马克思还提到了关于资产阶级的来源："从中世纪的农奴中产生了初期城市的城关市民；从这个市民等级中发展出最初的资产阶级分子。"在欧洲，特别是西欧，在封建社会等级制度的狭缝中，在城关市民这个等级中发展出了最初的资产阶级分子。学术界有很多考察资产阶级产生的理论著述，其中布洛赫的《封建社会》和佩里·安德森的《从古代到封建主义的过渡》和《绝对主义国家的系谱》最为深刻和丰富。在一定意义上，证实了马克思在这里所下的论断，即中世纪的农奴中产生了初期城市的城关市民，从这个市民等级中发展出了最初的资产阶级。②

> 无产阶级宣告迄今为止的世界制度的解体，只不过是揭示自己本身的存在的秘密，因为它就是这个世界制度的实际解体。无产阶级要求否定私有财产，只不过是把社会已经提升为无产阶级的原则的东西，把未经无产阶级的协助就已作为社会的否定结果而体现在它身上的东西提升为社会的原则。这样一

---

① 《马克思恩格斯文集》（第2卷），人民出版社2009年版，第31—32页。
② 刘伟、闫永飞：《革命的火种——〈共产党宣言〉义释》，研究出版社2023年版，第8—9页。

来，无产者对正在生成的世界所享有的权利就同德国国王对已经生成的世界所享有的权利一样了。德国国王把人民称为自己的人民，正像他把马叫做自己的马一样。国王宣布人民是他的私有财产，只不过表明私有者就是国王。

【义释】无产阶级存在的秘密就是对"私有财产的否定"，因为无产阶级的特点是它并没有任何生产资料。这里指的是构成无产阶级和共产主义社会（尽管马克思此时还没有提出这个概念）的原理，也就是一个没有私有的生产资料的阶级所代表的社会。

无产阶级在市民社会中是一种边缘性的存在，它既是市民社会的构成因素，又是市民社会的否定性条件。无产阶级遭受着劳动异化的普遍苦难、私有财产的全面丧失和人的本质的彻底虚无。

马克思的全部学说，实际上有"两个揭示"，这"两个揭示"不可偏废。第一个"揭示"经常被人提起，也经常被人们进行阐述、解读和宣扬，那就是认为马克思主义揭示了资本主义剥削的秘密，关于这一点有大量的文献。但除了揭示这个秘密外，马克思学说更重要的一面是揭示了无产阶级存在的秘密。如果单纯地着重于向工人群众揭示资本主义剥削的秘密，那就会使工人群众具有这样一种印象，这个剥削制度设计得如此巧妙（绝对剩余价值的生产、相对剩余价值的生产、剩余价值转换为利润等等），以至于我们在此岸世界根本无法逃离，只能被动接受此生不得不被剥削的命运。但如果把宣传马克思主义的重点放在揭示无产阶级存在的秘密上，那就根本不同了。那就会像马克思在此处一样对未来充满了激情和希望，即"无产阶级宣告迄今为止的世界制度的解体"只不过是为了"揭示自己本身的存在的秘密"。

哲学把无产阶级当做自己的物质武器，同样，无产阶级也把哲学当做自己的精神武器；思想的闪电一旦彻底击中这块素朴的人民园地，德国人就会解放成为人。

　　【义释】这一段是经常被拿来引用的著名论断。哲学把无产阶级当作自己的物质武器，也就是理论掌握群众，就能实现武器的批判。无产阶级把哲学当作自己的精神武器，就是无产阶级只有进行理论武装，就是在发现自己存在秘密的基础上实现自己的历史使命——解放全人类。或者说，哲学是无产阶级的自我意识，而无产阶级则是这种自我意识的物质承担者。既然无产阶级已经具有了自我意识，正像马克思在前文中所讲的，他们将会把体现在自己的存在中的原理化为构成整个新社会发展的动力。

　　"思想的闪电一旦彻底击中这块素朴的人民园地，德国人就会解放成为人"，这是一句非常富有诗意且较为深刻的话。这句话也可能受到了海涅的影响，海涅曾说："思想走在行动之前，就像闪电走在雷鸣之前一样。"思想是闪电，行动是雷鸣，两者相辅相成。需要说明的是，马克思这里所说的"德国人就会解放成为人"，他的意思绝不是指作为德意志民族成员的德国人，而是指那些得到理论武装的无产阶级。

　　我们将目光转到中国。翻开19世纪末20世纪初的中国历史卷轴，洋务运动、戊戌变法，君主立宪制、议会制、总统制……彼时的中国，无数仁人志士在黑暗中上下求索，苦苦追寻。十月革命一声炮响送来了马克思列宁主义。我们可以将"马克思列宁主义"喻为"思想的闪电"，它也像击中德国那样彻底击中了中国这块素朴的人民园地，真理的光芒照亮了中国的前行之路。中国人民在中国共产党的带领下，在马克思列宁主义理论的指引下，挽狂澜于既倒、扶大厦之将倾，引领中国这艘巨轮涉险滩、战恶浪。中国共产党以马克思列宁主义为精神武器指导实践，马克思列宁主义这道"思想的闪电"又以无产阶级作为物质武器，给苦苦探寻救亡图存出路的中国人民指明了前进方向。

> 我们可以作出如下的结论：
>
> 德国唯一实际可能的解放是以宣布人是人的最高本质这个理论为立足点的解放。在德国，只有同时从对中世纪的部分胜利解放出来，才能从中世纪得到解放。在德国，不摧毁一切奴役制，任何一种奴役制都不可能被摧毁。彻底的德国不从根本上进行革命，就不可能完成革命。德国人的解放就是人的解放。这个解放的头脑是哲学，它的心脏是无产阶级。哲学不消灭无产阶级，就不能成为现实；无产阶级不把哲学变成现实，就不可能消灭自身。

【义释】"我们可以作出如下的结论"，既可以视为马克思对全文所做的一个总结，也可以视为马克思对前文问题的一个答复。什么问题？即"德国是否有能力实现有原则高度的革命即人类解放？"

"人是人的最高本质"是相对于"神是人的最高本质"而言的，这句话既是从宗教批判中得出的人本主义结论，也是从无产阶级解放中得出的革命结论。它规定了德国革命的"原有原则高度的实践，即实现一个不但能把德国提高到现代各国的正式水准，而且提高到这些国家最近的将来要达到的人的高度的革命"。

在马克思看来，德国不能像英国和法国那样一步一步地进行革命，而必须越过中间阶梯，一下完成革命。用马拥军教授的话讲就是，"德国不能像脱衣服一样一件件来，而只能像蛇蜕皮一样，从整张皮中解脱出来"。

"在德国，只有同时从对中世纪的部分胜利解放出来，才能从中世纪得到解放。"这里的"中世纪的部分胜利"指的应该是新教的胜利。德国已经实现了宗教解放，而在马克思看来，德国还需要哲学解放。

哲学是革命的头脑，而无产阶级则是革命的心脏。[①]革命从头脑开始，但不能终结于头脑，它必须与无产阶级相结合。我们在这里套用一句康德的话来讲就是，没有无产阶级参与的革命是空洞的，没有哲学指导的革命则是盲目的。无产阶级是革命的被动因素，哲学则是革命的主动因素。无产阶级是革命的肉身，哲学则是革命的灵魂。如若将灵魂从肉身拿走，那么无产阶级在遭受到非人的剥削和蹂躏时，只能发出动物式的呻吟与绝望，而将肉身赋之以灵魂之后，无产阶级才会有激情、血气和活力，才会有阶级意识，才会像钢铁战士一样去反抗、去革命、去战斗。正如洛维特所言："由于'真正的世俗问题'，即由于靠挣钱维持生计的问题而完全同自身异化了的雇佣工人——这个无人格的商品制造者，甚至仅仅是一个在世界市场上出卖的商品——是唯一能够解救作

---

① 在《博士论文》中，马克思也有类似的说法："只要哲学还有一滴血在自己那颗要征服世界的、绝对自由的心脏里跳动着，它就将永远用伊壁鸠鲁的话向它的反对者宣称：'渎神的并不是那抛弃众人所崇拜的众神的人，而是把众人的意见强加于众神的人。'哲学并不隐瞒这一点。普罗米修斯的自白'总而言之，我痛恨所有的神'就是哲学自己的自白，是哲学自己的格言，表示它反对不承认人的自我意识是最高神性的一切天上的和地上的神。不应该有任何神同人的自我意识相并列。"在《关于新闻出版自由和公布省等级会议辩论情况的辩论》中，马克思也曾指出："他们从来没有感觉到新闻出版自由是一种需要。在他们看来，新闻出版自由是头脑的事情，根本用不着心脏去过问。"

为整体的社会的力量。无产者以其特殊利益与普遍利益相一致、与私有制或者资本的利益相对立的方式，体现了作为人类命运的现代经济。只有从这种普遍的和末世论的视角出发，马克思才能够宣布，无产阶级是未来历史的'心脏'，而马克思的哲学则是未来历史的'大脑'。"①在笔者看来，马克思的《导言》还不是一种纯粹科学的、建立在"实证主义"基础之上的分析，仍然带有浓烈的情感性、道德性的批判和呼吁因素。

如何理解"哲学不消灭无产阶级，就不能成为现实；无产阶级不把哲学变成现实，就不可能消灭自身"？值得注意的是，在马克思主义发展史上，关于马克思"消灭哲学"（在恩格斯那里是"哲学的终结"）的观点有很多讨论，也产生了很多争议。很多人会望文生义地浮于表面地去理解马克思所谓"消灭哲学"，以为"消灭哲学"就是抛弃哲学，这显然是一种肤浅的认识，并不符合马克思、恩格斯的意思。当然，这种肤浅的理解也是第二国际断然否认马克思主义包含哲学的原因之一。西方马克思主义者科尔施在他的那部我们熟知的《马克思主义和哲学》中花了大量的篇幅讨论了"消灭哲学"的问题。科尔施指出："最近的马克思主义者已被几个众所周知的马克思的词句和恩格斯后来的几个词句所迷惑，把马克思主义废除哲学解释为用抽象的和非辩证的实证科学的体系去取代这种哲学。人们只能对哲学马克思主义者的洞察力之低感到惊奇。"②他还指出："仅仅因为马克思的唯物主义理论具有不只是理论的，而且也是实践的和革命的目的，就说它不再是哲学，这是不正确的。相反地，马克思和恩格斯的辩证唯物主义按其基本性质来说，是

---

① ［德］洛维特：《世界历史与救赎历史》，李秋零、田薇译，商务印书馆2016年版，第47—48页。
② ［德］科尔施：《马克思主义和哲学》，王南湜、荣新海译，重庆出版社1989年版，第37—38页。

彻头彻尾的哲学，就像在《关于费尔巴哈的提纲》的11条中和在其他出版过和没出版过的那个时期的著作中系统地阐述的那样。它是一种革命的哲学，它的任务是以一个特殊的领域——哲学——里的战斗来参加在社会的一切领域里进行的反对整个现存秩序的革命斗争。最后，它的目的在于把消灭哲学作为消灭整个资产阶级社会现实的一个部分，哲学是这个现实的观念上的构成部分。用马克思的话来说就是："不在现实中实现哲学，就不能消灭哲学。"因此，当马克思和恩格斯从黑格尔的辩证唯心主义前进到辩证唯物主义的时候，十分清楚，哲学的消灭对他们来说并不意味着简单地抛弃哲学。"[①]

前文中我们讲过，"消灭"的英文是transcend，德文是aufheben，无论是英文还是德文，也都可以将之翻译为"扬弃"，因此可以将这句话转译为："哲学不扬弃无产阶级，就不能成为现实。无产阶级不把哲学变成现实，就不可能扬弃自身。"在笔者看来，马克思在《导言》中的意思与"博士论文"时期的意思是一致的，即要将思想中所把握到的那个时代外化为现实，而无产阶级正是这种现实外化的推动者和承担者，无产阶级就是"时代精神"的化身，无产阶级实现了自己的历史任务之后才能"消灭自身"，历史将不再需要无产阶级，历史也会进入下一个阶段。或者可以理解为，将一种完全外在于社会历史进程的思辨哲学内化为一种与社会历史进程具有张力的哲学，用马克思的话来讲就是"为历史服务的哲学"。这种"为历史服务的哲学"是一种革命的哲学。

在笔者看来，这句话同时也体现了马克思对历史发展认识的自觉

---

① ［德］科尔施：《马克思主义和哲学》，王南湜、荣新海译，重庆出版社1989年版，第32页。

性。在《德意志意识形态》中，马克思、恩格斯指出："共产主义和所有过去的运动不同的地方在于：它推翻一切旧的生产关系和交往关系的基础，并且第一次自觉地把一切自发形成的前提看做是前人的创造，消除这些前提的自发性，使这些前提受联合起来的个人的支配。"[①]在马克思看来，在物质生产力不发达的基础上，一切社会主义的尝试，会像巴贝夫、闵采尔或者三大空想社会主义者那样，沦为一种价值观或道德意义上的呐喊。我们不反对甚至应该鼓励作为价值观意义上的道德呐喊，但我们坚决反对甚至应该摒弃作为历史观的伦理诉求。

就无产阶级的革命逻辑而言，也应该从"自觉"意义上去理解。在马克思看来，工人阶级应该自觉到自己是作为一种"世界精神"的面目出现的，它代表了一种历史发展的合乎逻辑的必然性。工人应该自觉地上升为阶级，继而升华出无产阶级的阶级意识，即自觉到自己的历史使命。无产阶级革命的目的，绝对不是在打败资产阶级之后要再次坐拥江山，轮回成为下一个"资产阶级"。相反，在推翻资产阶级之后，无产阶级会顺应历史发展的必然性，不断地进行革命。当然，这种革命也包括无产阶级的自我革命。无产阶级为而不恃，功成而弗居。它并不像黑格尔哲学那样拖着一条"庸人的辫子"，为自己制造出一个庞大的让自己都窒息的体系；相反，它自觉地认识到，无产阶级也应该将自身视为革命的对象。

一切内在条件一旦成熟，德国的复活日就会由高卢雄鸡的高鸣来宣布。

---

① 《马克思恩格斯文集》（第1卷），人民出版社2009年版，第574页。

【义释】高卢是法国古称。高卢雄鸡是法国第一共和国时代国旗上的标志，是当时法国人民的革命意识的象征。马克思在这里借用了海涅在《加里多尔夫就贵族问题致穆·冯·莫里加特伯爵书》序言中的形象比喻："高卢雄鸡如今再次啼叫，而德意志境内也已破晓。"[①]

"高卢雄鸡"喻指法国大革命时人民的革命意识和胆识。马克思的哲学再也不是书斋中的思辨哲学，而是一种实践哲学，再也不是"密涅瓦的猫头鹰"在黄昏后的起飞，而是"高卢雄鸡"在清晨的高鸣。

此外，也有学者（吴晓明教授）从费尔巴哈提出的"高卢—日耳曼的原则"来解释这句话。高卢是法国人，日耳曼是德国人；高卢意味着感性，日耳曼意味着理性；高卢意味着女性，日耳曼意味着男性。一个真正的哲学家，一个和生活水乳交融的哲学家，他的父亲应该是德国人，他的母亲应该是法国人。也就是说感性和理性应该重新和好如初。他知道不能够仅仅站在这一边，只有高卢，没有日耳曼。因此，法国的原则和德国的原则，应该要调和起来。马克思和卢格主编的《德法年鉴》，就是响应费尔巴哈的号召。所以，马克思在这里所说的"德国的复活日就会由高卢雄鸡的高鸣来宣布"，可能有将德国哲学和法国社会主义结合的含义，只有这样人类解放才会得以可能。

在笔者看来，马克思在这里讲"德国的复活日就会由高卢雄鸡的高鸣来宣布"，意为真正的革命的大幕是由德国人拉开的。前文中我们曾提到，在海涅看来，法国的罗伯特·皮尔是康德思想在现实中的完成，而拿破仑则是费希特哲学在现实中的完成。但是，与康德和费希特相

---

① 《马克思恩格斯选集》（第1卷），人民出版社2012年版，第869页。

比，无论是罗伯特·皮尔还是拿破仑，他们都只是正剧开始之前的热场，都是大戏开场之前为了吸引观众落座的前戏，殊不知，真正的好戏还在后面，这场好戏是必定由德国人来上演的！

附　　录

附录（一）

历史法学派的哲学宣言

　　人们通常认为，历史学派是对18世纪轻佻精神的一种反动。这种观点流传的广泛性和它的真实性恰好成反比。确切地说，18世纪只有一种产物，它的主要特征就是轻佻，而这种唯一轻佻的产物就是历史学派。

　　历史学派已把研究起源变成了自己的口号，它把自己对起源的爱好发展到了极端，以致要求船夫不在江河的干流上航行，而在江河的源头上航行。因此，要是我们返回到历史学派的起源去，返回到胡果的自然法①去，这个学派肯定会认为是合情合理的。历史学派的哲学产生于历史学派的发展之前，所以，要在该学派的发展本身中去寻找哲学是徒劳无益的。

　　18世纪流行过的一种虚构，认为自然状态是人类本性的真实状态。当时有人想用肉眼去看人的思想，因此就创造出自然人——巴巴盖诺，他们纯朴得居然身披羽毛。在18世纪最后几十年间，有人曾经设想，那些原始民族具有非凡的才智，那时

---

① 胡果的自然法指胡果的《作为实在法、特别是私法的哲学的自然法教科书》（民法讲座教科书第2卷）。马克思在这篇文章里引用的是该书修订版，即1819年柏林第4版。

到处都听到捕鸟者模仿易洛魁人和印第安人等的鸟鸣术，以为用这种办法就能诱鸟入彀。所有这些离奇的言行都是以这样一种正确的想法为根据的，即原始状态是一幅幅描绘人类真实状态的纯朴的尼德兰图画。

胡果就是还没有接触到浪漫主义文化的历史学派的自然人，他的自然法教科书就是历史学派的旧约全书。赫尔德认为，自然人都是诗人，[①]原始民族的圣书都是诗集，他这种观点丝毫也不会妨碍我们作出上述论断，尽管胡果是用最平淡、最枯燥无味的散文语调来说话的；因为正如每个世纪都有自己独特的性质一样，每个世纪都会产生出自己独特的自然人。因此，如果说胡果不是在作诗，那他毕竟是在编造虚构，而虚构是与18世纪的平淡无奇性质相适应的一种散文诗。

当我们说胡果先生是历史学派的鼻祖和创始人的时候，我们是按照这个学派自己的意愿行事的，最著名的历史法学家所写的那篇纪念胡果的文章[②]就证明了这一点。当我们认为胡果先生是18世纪的产儿的时候，我们甚至是按照胡果先生的意图行事的，这位先生本人也证实了这一点，他自称是康德的学生，并把自己的自然法称作康德哲学的支脉。[③]现在我们就从

① 约·哥·冯·赫尔德关于自然人都是诗人等文艺观点，见他所著《论德国文学片断》（第2、3集）、《论德国—东方的诗人》（载于《赫尔德全集·关于文学艺术作品》1827年斯图加特—蒂宾根版第2部分第16—40页）和《希伯来诗歌的精神》（载于《赫尔德全集·论宗教和神学》1827年斯图加特—蒂宾根版第2部分第87—113页）等。

② 指德国法学家弗·卡·冯·萨维尼1838年为纪念胡果获得法学博士学位50周年而写的小册子《1788年5月10日。法学史论丛》（1838年柏林版）。

③ 见胡果：《作为实在法、特别是私法的哲学的自然法教科书》，1819年柏林修订第4版，第XII页。——编者注

胡果的宣言中的这一论点谈起。

胡果曲解了自己的老师康德，他认为，因为我们不能认识真实的事物，所以只要不真实的事物存在着，我们就合乎逻辑地承认它完全有效。胡果是一个否认事物的必然本质的怀疑主义者，因此他就像霍夫曼那样对待事物的偶然现象。所以，他根本不想证明，实证的①事物是合乎理性的；相反，他力图证明，实证的事物是不合理性的。胡果自鸣得意地竭力从各方面搬出证据，以便证明下列论点是显而易见的，即任何一种合乎理性的必然性都不能使各种实证的制度，例如所有制、国家制度、婚姻等等，具有生命力；这些制度甚至是同理性相矛盾的；人们至多只能在拥护或者反对这些制度的问题上空发议论而已。我们决不应该把这一方法归咎于胡果的偶然的个性，其实，这是他的原则的方法，这是历史学派的坦率而天真的、无所顾忌的方法。如果说实证的事物之所以应当有效，就因为它是实证的，那么我就必须证明，实证的事物之所以有效，并非因为它是合乎理性的；除了证明不合理性的事物是实证的，实证的事物是不合理性的，实证的事物不是由于理性，而是违背理性而存在以外，还有什么别的办法能更清楚地证明这一点呢？假如理性是衡量实证的事物的尺度，那么实证的事物就不会是衡量理性的尺度。"这些虽然是疯话，但这是方法！"②因此，胡果亵渎了在正义的、有道德的和政治的人看来是神圣的一切，可是，他破坏这些神圣的事物，只是为了把它们作为

---

① 德文"positiv"既有"实证的"意思，又有"实际的""实在的"意思。——编者注
② 莎士比亚：《哈姆雷特》第2幕第2场。——编者注

历史上的圣人遗物来加以崇敬，他当着理性的面玷辱它们，是为了以后当着历史的面颂扬它们，同时也是为了颂扬历史学派的观点。

胡果的论据，也和他的原则一样，是实证的，也就是说，是非批判的。他不知道什么是差别。凡是存在的事物他都认为是权威，而每一个权威又都被他拿来当作一种根据。所以，他在某一段文章里引证了摩西和伏尔泰、理查森和荷马、蒙田和阿蒙，引证了卢梭的《社会契约论》和奥古斯丁的《论神之都》。他也以同样的态度去对待各个民族，把他们等同起来。在胡果看来，暹罗人和英国人一样实际，尽管前者认为，按照国王的命令缝住饶舌者的嘴巴，把笨拙的演说者的嘴巴一直剪到耳朵，这是永恒的自然定律，而后者则认为，要是他的国王专横地决定征收哪怕只是一分尼的捐税，那也是政治上的荒谬行为。不知羞耻的康奇人也和法国人一样实际，尽管前者赤身裸体地走来走去，至多用淤泥来涂抹一下自己的身体，而后者则不仅要穿衣服，而且还要穿得很考究。德国人也并不比拉杰普特人更为实际，尽管前者把女儿当作家庭宝贝来教养，而后者为了免去哺育之累，索性把女儿杀死。总而言之，皮肤上的疹子就像皮肤本身一样实际。

在一个地方这种事物是实际的，而在另一个地方那种事物是实际的。无论这种事物还是那种事物，都是不合理性的。那就服从那些在你自己的小天地里是实际的事物吧！

这样看来，胡果是一个十足的怀疑主义者。否认现存事物的理性的18世纪的怀疑主义，在胡果那里表现为否认理性存在的怀疑主义。胡果承袭了启蒙运动，他不认为实证的事物是合乎理性的事物，但这只是为了不把合乎理性的事物看作实证的事物。胡果认为，人们消除实证的事物中的理性假象，是为了承认没有理性假象的实证的事物；他认为，人们摘掉锁链上的虚假的花朵，是为了戴上没有花朵的真正锁链。

　　胡果同18世纪的其他启蒙思想家的关系，大体上就像摄政者①的荒淫宫廷主政时期法兰西国家的解体同国民议会时期法兰西国家的解体的关系一样。二者都是解体！在宫廷主政时期，解体表现为放荡的轻佻，它懂得并嘲笑现存状况的思想空虚，但这只是为了摆脱一切理性的和道德的束缚，去戏弄腐朽的废物并且在这些废物的戏弄下被迫走向解体。这就是自己拿自己寻欢作乐的当时那个世界的腐败过程。相反，在国民议会时期，解体则表现为新精神从旧形式下的解放，因为旧形式已不配也不能容纳新的精神。这就是新生活对自身力量的感觉，新生活正在破坏已被破坏的东西，抛弃已被抛弃的事物。因此，如果说有理由把康德的哲学看成是法国革命的德国理论，那么，就应当把胡果的自然法看成是法国旧制度的德国理论。我们又一次在胡果身上发现了摄政时期放荡者的全部轻佻，即庸俗的怀疑主义，这种怀疑主义对思想傲慢无礼，对显而易见的东西却无比谦卑顺从，只有在扼杀实证事物的精神时才开始感觉到自己的智慧，目的是为了占有作为残渣的纯粹实证的事物，并在这种动物状态中感到舒适惬意。胡果甚至在权衡论据的分量时，也以绝对可靠的本能把各种制度中合乎理性和合乎

---

① 奥尔良公爵菲力浦第二。——编者注

道德的东西都看作对理性来说是一种可疑的东西。对胡果的理性来说，只有动物的本性才是无可怀疑的东西。那就让我们来听听这位从旧制度的观点出发的启蒙思想家是怎样说的吧！应当从胡果本人的话中听出胡果的观点来。应当给他的全部论断一概加上"他自己说的"这几个字。

导言

"人在法律上的唯一特征就是他的动物本性。"[①]

自由篇

"对自由（指合乎理性的本质）的限制，甚至是这样的一种情况：这种本质不可能随心所欲地不再成为合乎理性的本质，即不再成为能够而且应当合乎理性地行动的本质。"[②]

"不自由丝毫不会改变不自由的人和其他人的动物本性和理性本性。一切道义上的责任仍然起作用。奴隶制不仅从肉体方面来看是可行的，而且从理性方面来看也是可行的；任何证明与此相反的观点的探讨，肯定包含着某种误解。当然，奴隶制也并不是绝对合乎法理的，也就是说，它既不是从动物的本性中产生出来的，也不是从理性的和市民的本性中产生出来的。可是，奴隶制同奴隶制的反对者所承认的任何一种法一样，可能是一种暂时的法，这一点可以在和私法以及和公法的

---

① 胡果：《作为实在法、特别是私法的哲学的自然法教科书》，1819年柏林修订第4版，第52页。——编者注

② 胡果：《作为实在法、特别是私法的哲学的自然法教科书》，1819年柏林修订第4版，第147页。——编者注

比较中看出来。"证据就是："从动物本性的观点来看，属于富人所有的人，显然比穷人更有免受贫困的保证，因为失去前一种人对富人是不利的，富人也很关心他们的疾苦，而穷人身上只要有一点东西可以榨取，就会被他们的同胞榨出来……""虐待奴隶和使奴隶致残的权利并不重要，即使发生这种情况，那也不见得比穷人所忍受的痛苦严重多少；至于从身体方面来说，这种情况也并不像战争那样严重，因为奴隶本身到处都必定是用不着参加战争的，甚至在切尔克斯的女奴隶中间美女也比在女乞丐中间更加容易找到。"（请听这个老头说些什么！）

"至于说到理性的本性，那么当奴隶也要比忍受贫困优越，因为奴隶的所有者即使从精打细算的角度出发，也宁愿为教育有某种才能的奴隶解囊，而不愿意在行乞的孩子身上花钱。在国家制度的范围内，正是奴隶才免除了种类奇多的压迫。押送战俘的人只是由于暂时要担负责任才去关心战俘，难道奴隶比战俘更不幸吗?政府派看守去监管苦役犯，难道奴隶比苦役犯更不幸吗?"

"奴隶制本身对于人口繁衍究竟有利还是有害，这还是一个争论中的问题。"[①]

婚姻篇

"与对婚姻作完全自由的探讨时相比，以前从哲学观

---

① 胡果：《作为实在法、特别是私法的哲学的自然法教科书》，1819年柏林修订第4版，第247、249、251—255、257页。——编者注

点来考察实在法时，婚姻往往被看得重要得多，又合乎理性得多。"①

诚然，在婚姻中，满足性欲是合乎胡果先生的心意的。他甚至还从这一事实中引出有益于健康的道德来：

"从这种情况以及无数别的情况中，人们本来应当看到，为了一个目的把人的身体作为手段来使用，并非像人们其中包括康德本人对这一说法所作的错误理解那样，都是不道德的。"②

可是，用排他性来使性欲神圣化，用法律来约束欲望，用道德的美把自然要求理想化、使之成为一种精神结合的因素——婚姻的精神本质——这一切在胡果先生看来，恰恰是婚姻中的可疑的东西。但是，在进一步探讨他那轻佻的无耻思想之前，我们且来听听一位法国哲学家的声音，以便同这位探究历史的德国人进行比较。

"一个女人既然为了唯一的男人而抛弃这种神秘的矜持(这种矜持的神的戒律她铭刻在心上)，那她就把自己献给了这个男人。为了他，她在委身于他的时刻抛弃了从来没有抛弃过的含羞心理，仅仅为了他，她撩开了平时用作庇护所和装饰品的面纱。于是就产生了对丈夫的亲密无间的信任，这是只能在她和他之间存在的排他性关系的结果，她并不因为这种关系而

① 胡果：《作为实在法、特别是私法的哲学的自然法教科书》，1819年柏林修订第4版，第276页。——编者注
② 胡果：《作为实在法、特别是私法的哲学的自然法教科书》，1819年柏林修订第4版，第279页。——编者注

觉得受到了侮辱，于是就产生了丈夫对这种牺牲的感激，产生了对这个人的情欲和尊敬交织的情感，这个人甚至在和他共享欢乐的时候似乎也只是一味迁就他的。这就是在我们的社会制度中一切都秩序井然的原因。"

自由的推究哲理的法国人本杰明·贡斯当就是这样说的！[1]现在我们就来听听那位奴颜婢膝的、探究历史的德国人是怎样说的吧！

"更加可疑得多的是第二个因素，即未经结婚不得满足这种欲望。动物的本性是和这种限制相违背的，理性的本性更是如此，（因为……你们猜他要说什么！……）因为一个人要预见到这会产生什么后果，他就应当是几乎无所不知的，所以，如果我们答应只能与某一个特定的人满足这一种强烈的天然欲望，那么，这就是对上帝的诱惑！""对美好事物的按其本性是自由的感情就要受到束缚，而与这种感情相联系的东西就要与之分离。"[2]

请看，我们那些青年德意志派在向谁学习！[3]

"这一制度[4]是和市民的本性相矛盾的，因为……最后，

---

[1] 见本·贡斯当：《论宗教的起源、形式与发展》，1826年巴黎第2版第1卷，第172—173页。马克思1842年对该书作了详细摘录，但在保存下来的摘录中没有上面这段引文。

[2] 胡果：《作为实在法、特别是私法的哲学的自然法教科书》，1819年柏林修订第4版，第280—281页。——编者注

[3] 马克思暗指青年德意志派某些作家提出的对"自由的爱"的要求。"青年德意志"是19世纪30年代产生于德国的一个文学团体，受海涅和白尔尼的影响极大。"青年德意志"的作家（谷兹科、文巴尔克和蒙特等）主张信仰自由和新闻出版自由。他们的文艺作品和政论文章反映了小资产阶级的反抗情绪。青年德意志派观点的特点是思想上不成熟和政治上不坚定。他们之中的大多数人很快就堕落为庸俗的资产阶级自由派。

[4] 在胡果的著作中这个词为"限制"。——编者注

警察就要承担一项几乎无法完成的任务！"[1]

哲学是多么糊涂啊，对警察连这点关照都不加考虑！

"婚姻法细则的一切后果都向我们表明：不管遵循怎样的原则，婚姻仍然是一种极其不完善的制度。"

"可是，这种用婚姻限制性欲的办法，也有其极大优点，因为它通常能避免传染病，婚姻使政府省去了许多麻烦。最后，到处都有极其重要意义的那种见解，即认为私法的因素在这里已经成了唯一合乎习惯的因素，也起了作用。""费希特说：没有结婚的人只算得半个人。[2]可是在这种情况下，我（即胡果），抱歉得很，不得不认为把我凌驾于基督、费奈隆、康德和休谟之上的这一美妙格言是一种骇人听闻的夸张。"

"至于一夫一妻制和一夫多妻制，那显然要取决于人的动物本性！！"[3]

教育篇

我们一开头就读到："教育的艺术所能提出的反对与此（即家庭教育）有关的法律关系的理由，并不少于爱的艺术所提出的反对婚姻的理由。"[4]

---

① 胡果：《作为实在法、特别是私法的哲学的自然法教科书》，1819年柏林修订第4版，第281—282页。

② 费希特：《根据科学学原理创立的伦理学体系》1798年耶拿—莱比锡版，第449页。——编者注

③ 胡果：《作为实在法、特别是私法的哲学的自然法教科书》，1819年柏林修订第4版，第285—289页。——编者注

④ 胡果：《作为实在法、特别是私法的哲学的自然法教科书》，1819年柏林修订第4版，第336页。——编者注

"困难就在于人们只能在这种关系的范围内进行教育，不过这种困难远不像在满足性欲时那样令人忧虑，其原因还在于允许以契约形式委托第三者进行教育；因此，凡对这项工作有强烈兴趣的人，都能很容易得到满足。不过受教育者当然不一定是他愿意教育的某个特定的人。然而，一个谁也不会把孩子委托给他的人，却可以凭借这种关系进行教育，从而排除他人进行教育的可能性，这种事实也是和理性相矛盾的。最后，这里还有一种强制在起作用：一方面实在法往往不允许教育者放弃这种关系，另一方面受教育者又不得不让这样的人施教。这种关系的现实性多半是以出生的纯粹偶然性为基础的，而出生必定是通过婚姻同父亲发生联系的。由于这里通常有一种本身就妨碍良好教育的偏爱在起作用，上述关系的产生方式显然不是特别合乎理性的；而且父母双亡的孩子也得受教育，可见这种产生方式也不是绝对必要的。"①

私法篇

第107节教导我们说："私法的必要性完全是一种臆想的必要性。"②

国家法篇

"服从掌握权力的官府是神圣的道义上的责任。""至于

---

① 胡果：《作为实在法、特别是私法的哲学的自然法教科书》，1819年柏林修订第4版，第338—339、348页。——编者注
② 胡果：《作为实在法、特别是私法的哲学的自然法教科书》，1819年柏林修订第4版，第138页。——编者注

政府权力的分配，那么实际上并没有一种国家制度是绝对合乎法理的，可是，不管权力如何分配，每一种制度又都是暂时合乎法理的。"①

人们也能抛弃自由的最后束缚，即抛弃那强使人们成为合乎理性的存在物的束缚，这一点胡果不是已经证明了吗？

我们认为，从历史学派的哲学宣言中引来的这几段摘要，足以给这一学派作出历史的评价，以取代那些非历史的臆想、模糊的空想和故意的虚构。这几段摘要足以用来判明胡果的继承者②能不能承担当代的立法者的使命。

诚然，随着时间的推移和文化的发展，历史学派的这棵原生的谱系树已被神秘的烟雾所遮盖；浪漫派用幻想修剪它，思辨又把自己的特性嫁接给它；无数学术果实都从这棵树上被摇落下来，晒干，并且被加以夸大地存放在宽阔的德国学术库房中。可是，实际上只须略加考证，就能够在种种天花乱坠的现代词句后面重新看出我们的旧制度的启蒙思想家的那种龌龊而陈旧的怪想，并在层层浓重的油彩后面重新看出这位启蒙思想家的放荡的陈词滥调。

胡果说，"动物本性是人在法律上的特征"，照这样说来，法就是动物的法，而有教养的现代人则不说"动物的"这种粗野而坦率的字眼，而说"组织法"之类的术语了，因为在

---

① 胡果：《作为实在法、特别是私法的哲学的自然法教科书》，1819年柏林修订第4版，第512、519—520页。——编者注

② 指弗·卡·冯·萨维尼，他的著作《论当代在立法和法学方面的使命》于1814年在海德堡出版，1840年出了第3版。

说到组织的时候，谁会立即想起动物的机体①呢？胡果说，在婚姻以及其他道德法律制度中都没有理性，而现代的先生们则说，这些制度固然不是人类理性的创造物，但它们却是更高级的"实证"理性的反映，其他一切东西莫不如此。只有一个结论他们都是用同样粗野的语调来表达的，那就是：专制暴力的法。

应当把哈勒、施塔尔、莱奥及其同伙的法律理论和历史理论看作只不过是胡果的自然法的旧版翻新，在经过几番考证辨析之后，在这里又可以看出旧的原文了，以后如有机会，我们将更为详细地来说明这一点。

因为我们手里还有旧的宣言，所以，一切修饰美化这一原文的伎俩就更是枉费心机了，这一宣言虽然不太明智，但它的意思还是非常清楚的。

卡·马克思大约写于1842年
7月底—8月6日
载于1842年8月9日《莱茵报》
第221号附刊（缺《婚姻篇》）
第一次用原文全文发表于
《马克思恩格斯全集》1927年
历史考证版第1部分第1卷第1分册

原文是德文
中文根据《马克思恩格斯全集》
1975年历史考证版第1部分
第1卷翻译

---

① 德文"Organismus"既有"组织""机构"的意思，又有"机体"的意思。——编者注

附录（二）

论工人政党对宗教的态度
（1909年5月13日〔26日〕）

　　苏尔科夫代表在国家杜马讨论正教院①预算案时的发言，以及下面刊登的我们杜马党团讨论这篇发言稿的材料，提出了一个恰巧在目前是非常重要的和特别迫切的问题②。凡是同宗教有关的一切，目前无疑已经引起"社会"各界人士的注意，使接近工人运动的知识分子，甚至某些工人群众感到兴趣。社会民主党当然应该表明自己对于宗教的态度。

　　社会民主党的整个世界观是以科学社会主义即马克思主义为基础的。马克思和恩格斯曾多次声明，马克思主义的哲学基

---

① 正教院是俄国管理正教事务的最高国家机关，建立于1721年，当时称圣执政正教院，与参议院的地位相等。正教院管理的事项有：纯粹宗教性质的事务（解释教义、安排宗教仪式和祈祷等），教会行政和经济事项（任免教会负责人员、管理教会财产等），宗教法庭事项（镇压异教徒和分裂派教徒、管理宗教监狱、检查宗教书刊、审理神职人员案件等）。正教院成员由沙皇从高级宗教人士中任命，另外从世俗人士中任命正教院总监对正教院的活动进行监督。十月革命后，苏维埃政权撤销了正教院。正教院后来作为纯教会机构重新建立，是莫斯科和全俄总主教下的咨询机关。

② 指俄国第三届国家杜马代表社会民主党人彼·伊·苏尔科夫在1909年4月14日（27日）的杜马会议上讨论正教院预算案时的发言。1909年5月13日（20日）《无产者报》第42号《党内通讯》栏刊登的《社会民主党杜马党团内就社会民主党对宗教的态度问题的讨论》一文，引用了杜马党团讨论苏尔科夫发言稿的材料。

础是辩证唯物主义，它完全继承了法国18世纪和德国19世纪上半叶费尔巴哈的唯物主义历史传统，即绝对无神论的、坚决反对一切宗教的唯物主义的历史传统。我们要指出，恩格斯的《反杜林论》（马克思看过该书的手稿），通篇都是揭露唯物主义者和无神论者杜林没有坚持唯物主义，给宗教和宗教哲学留下了后路。必须指出，恩格斯在论路德维希·费尔巴哈的著作中责备费尔巴哈，说他反对宗教不是为了消灭宗教而是为了革新宗教，为了创造出一种新的、"高尚的"宗教等等。宗教是人民的鸦片[1]——马克思的这一句名言是马克思主义在宗教问题上的全部世界观的基石。马克思主义始终认为现代所有的宗教和教会、各式各样的宗教团体，都是资产阶级反动派用来捍卫剥削制度、麻醉工人阶级的机构。

但是，恩格斯同时也多次谴责那些想比社会民主党人"更左"或"更革命"的人，谴责他们企图在工人政党的纲领里规定直接承认无神论，即向宗教宣战。1874年，恩格斯谈到当时侨居伦敦的公社布朗基派流亡者发表的著名宣言时，认为他们大声疾呼向宗教宣战是一种愚蠢的举动，指出这样宣战是提高人们对宗教的兴趣、妨碍宗教真正消亡的最好手段。恩格斯斥责布朗基派不了解只有工人群众的阶级斗争从各方面吸引了最广大的无产阶级群众参加自觉的革命的社会实践，才能真正把被压迫的群众从宗教的压迫下解放出来，因此宣布工人政党的政治任务是同宗教作战，不过是无政府主义的空谈而

---

[1] 见《马克思恩格斯文集》第1卷，第4页。——编者注

已。①1877年恩格斯在《反杜林论》一书中无情地斥责哲学家杜林对唯心主义和宗教所作的让步，即使是些微的让步，但也同样严厉地斥责杜林提出的在社会主义社会中禁止宗教存在这一似乎是革命的主张。恩格斯说，这样向宗教宣战，就是"比俾斯麦本人有过之无不及"，即重蹈俾斯麦反教权派斗争这一蠢举的覆辙（臭名远扬的"文化斗争"，Kulturkampf，就是俾斯麦在19世纪70年代用警察手段迫害天主教，反对德国天主教的党，即反对"中央"党②的斗争）。俾斯麦的这场斗争，只是巩固了天主教徒的好战的教权主义，只是危害了真正的文化事业，因为他不是把政治上的分野提到首位，而是把宗教上的分野提到首位，使工人阶级和民主派的某些阶层忽视革命的阶级斗争的迫切任务而去重视最表面的、资产阶级虚伪的反教权主义运动。恩格斯痛斥了妄想做超革命家的杜林，说他想用另一种方式来重复俾斯麦的蠢举，同时恩格斯要求工人政党耐心地去组织和教育无产阶级，使宗教渐渐消亡，而不要冒险地在政治上对宗教作战。③这个观点已经被德国社会民主党人完全接受，例如德国社会民主党主张给耶稣会士以自由，主张允许他们进入德国国境，主张取消对付这种或那种宗教的任何警察手段。"宣布宗教为私人的事情"——这是爱尔福特纲

---

① 参看《马克思恩格斯文集》第3卷，第357—365页。——编者注

② 中央党是德国天主教徒的政党，1870—1871年由普鲁士议会和德意志帝国国会里的天主教派党团联合而成，因这两个党团的议员的席位在会议大厅的中央而得名。中央党通常持中间立场。

③ 参看《马克思恩格斯文集》第9卷，第332—335页。——编者注

领（1891年）^①的一个著名论点，它确定了社会民主党的上述政治策略。

这个策略现在竟然成为陈规，竟然产生了一种对马克思主义的新的歪曲，使它走向反面，成了机会主义。有人把爱尔福特纲领的这一论点说成这样，似乎我们社会民主党人，我们的党，认为宗教是私人的事情，对于我们社会民主党人来说，对于我们党来说，宗教是私人的事情。在19世纪90年代，恩格斯没有同这种机会主义观点进行直接的论战，但是他认为必须坚决反对这种观点，不过不是用论战的方式而是采用正面叙述的方式。就是说，当时恩格斯有意地着重声明，社会民主党认为宗教对于国家来说是私人的事情，但是对于社会民主党本身、对于马克思主义、对于工人政党来说决不是私人的事情。^②

从外表上看来，马克思和恩格斯对宗教问题表示意见的经过就是如此。那些轻率看待马克思主义的人，那些不善于或不愿意动脑筋的人，觉得这种经过只是表明马克思主义荒谬地自相矛盾和摇摆不定：一方面主张"彻底的"无神论，另一方面又"宽容"宗教，这是多么混乱的思想；一方面主张同上帝进行最最革命的战争，另一方面怯懦地想"迁就"信教的工人，

----

① 爱尔福特纲领是指1891年10月举行的德国社会民主党爱尔福特代表大会通过的党纲。它取代了1875年的哥达纲领。爱尔福特纲领以马克思主义关于资本主义生产方式必然灭亡和被社会主义生产方式所代替的学说为基础，强调工人阶级必须进行政治斗争，指出了党作为这一斗争的领导者的作用。它是德国社会民主党历史上第一个也是唯一的马克思主义的纲领。它的通过标志着马克思主义对拉萨尔主义等小资产阶级思潮的胜利。但是爱尔福特纲领也有一些重大缺点，主要是避而不谈无产阶级专政的问题。恩格斯对该党执行委员会制定的纲领草案提出了批评意见（见《马克思恩格斯全集》第1版第22卷第263—280页）。代表大会通过的纲领是以《新时代》杂志编辑部的草案为基础的。

② 参看《马克思恩格斯文集》第3卷，第106页。——编者注

怕把他们吓跑等等，这是多么"没有原则"的动摇。在无政府主义空谈家的著作中，这种攻击马克思主义的说法是可以找到不少的。

可是，只要稍微能认真一些看待马克思主义，考虑马克思主义的哲学原理和国际社会民主党的经验，就能很容易地看出，马克思主义对待宗教的策略是十分严谨的，是经过马克思和恩格斯周密考虑的；在迂腐或无知的人看来是动摇的表现，其实都是从辩证唯物主义中得出来的直接的和必然的结论。如果认为马克思主义对宗教采取似乎是"温和"的态度是出于所谓"策略上的"考虑，是为了"不要把人吓跑"等等，那就大错特错了。相反，马克思主义在这个问题上的政治路线，也是同它的哲学原理有密切关系的。

马克思主义是唯物主义。正因为如此，它同18世纪百科全书派①的唯物主义或费尔巴哈的唯物主义一样，也毫不留情地

①　百科全书派是18世纪法国的一批启蒙思想家，因出版《百科全书》（全称是《百科全书或科学、艺术和工艺详解词典》，共35卷，1751—1780年出版）而得名。德·狄德罗是该派的组织者和领导者，让·勒·达兰贝尔是狄德罗的最亲密的助手。保·昂·迪·霍尔巴赫、克·阿·爱尔维修、伏尔泰等积极参加了《百科全书》的出版工作。让·雅·卢梭参与了头几卷的编纂。《百科全书》的撰稿人包括各个知识领域的专家，其中有博物学家乔·路·勒-布丰和路·让·玛·多邦通，经济学家安·罗·雅·杜尔哥和弗·魁奈，工程师布朗热，医生保·约·巴尔泰斯，林学家勒鲁瓦，诗人和哲学家让·弗·圣朗贝尔等。这些人尽管在学术上和政治上持有不同的观点，但都坚决反对封建主义、教会、经院哲学以及封建等级制度，而积极反对唯心主义哲学的唯物主义者在他们中间起着主导作用。他们是革命资产阶级的思想家，为18世纪末法国资产阶级革命作了思想准备。恩格斯指出："法国的唯物主义者没有把他们的批评局限于宗教信仰问题；他们把批评扩大到他们所遇到的每一个科学传统或政治设施，而为了证明他们的学说可以普遍应用，他们选择了最简便的道路：在他们因以得名的巨著《百科全书》中，他们大胆地把这一学说应用于所有的知识对象。这样，唯物主义就以其两种形式中的这种或那种形式——公开的唯物主义或自然神论，成了法国一切有教养的青年的信条。"（见《马克思恩格斯全集》第1版第22卷，第352页）

反对宗教。这是没有疑问的。但是，马克思和恩格斯的辩证唯物主义比百科全书派和费尔巴哈更进一步，它把唯物主义哲学应用到历史领域，应用到社会科学领域。我们应当同宗教作斗争。这是整个唯物主义的起码原则，因而也是马克思主义的起码原则。但是，马克思主义不是停留在起码原则上的唯物主义。马克思主义更前进了一步。它认为必须善于同宗教作斗争，为此应当用唯物主义观点来说明群众中的信仰和宗教的根源。同宗教作斗争不应该局限于抽象的思想宣传，不能把它归结为这样的宣传；而应该把这一斗争同目的在于消灭产生宗教的社会根源的阶级运动的具体实践联系起来。为什么宗教在城市无产阶级的落后阶层中，在广大的半无产阶级阶层中，以及在农民群众中能够保持它的影响呢？资产阶级进步派、激进派或资产阶级唯物主义者回答说，这是由于人民的愚昧无知。由此得出结论说：打倒宗教，无神论万岁，传播无神论观点是我们的主要任务。马克思主义者说：这话不对。这是一种肤浅的、资产阶级狭隘的文化主义观点。这种观点不够深刻，不是用唯物主义的观点而是用唯心主义的观点来说明宗教的根源。在现代资本主义国家里，这种根源主要是社会的根源。劳动群众受到社会的压制，面对时时刻刻给普通劳动人民带来最可怕的灾难、最残酷的折磨的资本主义（比战争、地震等任何非常事件带来的灾难和折磨多一千倍）捉摸不定的力量，他们觉得似乎毫无办法，——这就是目前宗教最深刻的根源。"恐惧创造神"。①现代宗教的根源就是对资本的捉摸不定的力量的恐惧，而这种力量确实是捉摸不定的，因为人民群众不能预见到它，它使无产者和小业主在生活中随时随地都可能遭到，而且正在遭到"突如其来的"、"出人意料的"、"偶然发生的"破产和毁灭，使他们变成乞丐，变成穷光蛋，变成娼妓，甚至活活饿死。凡是不愿一直留在预备班的唯物主义者，都应当首先而且特别注意这种根源。只要受资本主义苦役制度压迫、受资本主义的捉摸不定的破坏势力摆布的群众自己还没有学会团结一致地、有组织地、有计划地、自觉地反对宗教的这种根源，反对任何形式的资本统治，那么无论什么启蒙书籍都不能使这些群众不信仰宗教。

由此是否可以说，反宗教的启蒙书籍是有害的或多余的呢？不是的。决不能得出这样的结论。应当说，社会民主党宣传无神论，必须服从社会民主党的基本任务：发展被剥削群众反对剥削者的阶级斗争。

一个对辩证唯物主义的原理即马克思和恩格斯哲学的原理没有深入思考过的人，也许不能理解（至少是不能一下子理解）这条原则。怎么会这样呢？为什么进行思想宣传，宣扬某种思想，同维持了数千年之久的这一文化和进步的敌人（即宗教）作斗争，要服从阶级斗争，即服从在经济政治方面实现一定的实际目标的斗争呢？

这种反对意见也是一种流行的反对马克思主义的意见，这

---

① 这句话出自古罗马诗人普·帕·斯塔齐乌斯的史诗《忒拜战纪》。

184

证明反驳者完全不懂得马克思的辩证法。使这种反驳者感到不安的矛盾，是实际生活中的实际矛盾，即辩证的矛盾，而不是字面上的、臆造出来的矛盾。谁认为在理论上宣传无神论，即破除某些无产阶级群众的宗教信仰，同这些群众阶级斗争的成效、进程和条件之间有一种绝对的、不可逾越的界限，那他就不是辩证地看问题，就是把可以移动的、相对的界限看做绝对的界限，就是硬把活的现实中的不可分割的东西加以分割。举个例子来说吧。假定某个地方和某个工业部门的无产阶级分为两部分，一部分是先进的，是相当觉悟的社会民主党人，他们当然是无神论者，另一部分则是相当落后的，他们同农村和农民还保持着联系，他们信仰上帝，常到教堂里去，甚至直接受本地某一个建立基督教工会的司祭的影响。再假定这个地方的经济斗争引起了罢工。马克思主义者应该首先考虑使罢工运动得到成功，应当坚决反对在这场斗争中把工人分成无神论者和基督教徒，应当坚决反对这样的划分。在这种情况下，宣传无神论就是多余的和有害的，这倒并不是出于不要把落后群众吓跑，不要在选举时落选等庸俗考虑，而是从实际推进阶级斗争这一点出发的，因为在现代资本主义社会环境中，阶级斗争能把信基督教的工人吸引到社会民主党和无神论这方面来，而且比枯燥地宣传无神论还要有效一百倍。在这样的时候和这样的环境中，宣传无神论，就只能有利于神父，因为他们恰恰最愿意用信不信上帝这一标准来划分工人，以代替是否参加罢工这一标准。无政府主义者鼓吹在任何情况下都要对上帝开战，实际上是帮助了神父和资产阶级（正如无政府主义者实际上始终在帮助资产阶级一样）。马克思主义者应当是唯物主义者，即宗教的敌人，但是他们应当是辩证唯物主义者，就是说，他们不应当抽象地对待反宗教斗争问题，他们进行这一斗争不应当立足于抽象的、纯粹理论的、始终不变的宣传，而应当具体地、立足于当前实际上所进行的、对广大群众教育最大最有效的阶级斗争。马克思主义者应该善于估计整个具体情况，随时看清无政府主义同机会主义的界限（这个界限是相对的，是可以移动、可以改变的，但它确实是存在的），既不陷入无政府主义者那种抽象的、口头上的、其实是空洞的"革命主义"，也不陷入小资产者或自由派知识分子那种庸俗观念和机会主义，不要像他们那样害怕同宗教作斗争，忘记自己的这种任务，容忍对上帝的信仰，不从阶级斗争的利益出发，而是打小算盘：不得罪人，不排斥人，不吓唬人，遵循聪明绝顶的处世之道："你活，也让别人活"，如此等等。

凡是同社会民主党对宗教的态度有关的具体问题，都应该根据上述观点来解决。例如，经常有人提出这样的问题：司祭能不能成为社会民主党党员。人们通常根据欧洲各社会民主党的经验对这一问题作无条件的、肯定的回答。但是这种经验并不仅仅是把马克思主义学说应用于工人运动的结果，而且也是由西欧特殊的历史条件决定的；这种条件在俄国并不存在（关于这种条件，我们到下面再谈），所以在这个问题上无条件的肯定的回答在我国是不正确的。不能一成不变地在任何情况下都宣布说司祭不能成为社会民主党党员，但是也不能一成不变地提出相反的规定。如果有一个司祭愿意到我们这里来共同进行政治工作，真心诚意地完成党的工作，不反对党纲，那我们就可以吸收他加入社会民主党，因为在这样的条件下，我们党纲的精神和基本原则同这个司祭的宗教信念的矛盾，也许只是关系到他一个人的矛盾，只是他个人的矛盾，而一个政治组织要用考试的方法来检验自己成员所持的观点是否同党纲矛盾，那是办不到的。当然，这种情况即使在欧洲也是极其少有的，在俄国则更是难以想象了。如果这位司祭加入社会民主党之后，竟在党内积极宣传宗教观点，以此作为他主要的甚至是唯一的工作，那么党当然应该把他开除出自己的队伍。我们不仅应当容许，而且应当特别注意吸收所有信仰上帝的工人加入社会民主党，我们当然反对任何侮辱他们宗教信念的行为，但是我们吸收他们是要用我们党纲的精神来教育他们，而不是要他们来积极反对党纲。我们容许党内自由发表意见，但是以自由结合原则所容许的一定范围为限，因为我们没有义务同积极宣传被党内多数人摒弃的观点的人携手并进。

再举一个例子：假定有的社会民主党党员声明"社会主义是我的宗教"，并且宣传与此相应的观点，对这种党员能不能在任何情况下都一概加以申斥呢？不能这样做。这种声明确实背离了马克思主义（因而也就背离了社会主义），但是这种背离的意义和所谓的比重在不同环境下可能是不相同的。如果一个鼓动员或一个在对工人群众讲话的人，为了说得明白一点，为了给自己的解释开一个头，为了用不开展的群众最熟悉的字眼更具体地说明自己的观点，而说了这样一句话，这是一回事。如果一个著作家开始宣扬"造神说"①或造神社会主义（就像我们的卢那察尔斯基及其同伙那样），那是另一回事。在前一种情况下，提出申斥就是吹毛求疵，甚至是过分地限制鼓动员的自由，限制他运用"教育手段"来施加影响的自由，而在后一种情况下，党的申斥却是必需而且应该的。"社会主义是宗教"这一论点，对某些人来说，是从宗教转到社会主义的一种方式，而对另一些人来说，则是离开社会主义而转到宗教的一种方式。

现在来谈谈哪些条件使"宣布宗教为私人的事情"这一论点在西欧遭到了机会主义者的歪曲。当然，这里是有产生机会主义的一般原因的影响，如为了眼前的利益而牺牲工人运动根本的利益。无产阶级政党要求国家把宗教宣布为私人的事情，但决不认为同人民的鸦片作斗争，同宗教迷信等等作斗争的问

---

① 这种说法是在俄国1905—1907年革命失败后俄国社会民主工党内一部分知识分子中产生的一种宗教哲学思潮。这一思潮的主要代表人物是阿·瓦·卢那察尔斯基、弗·亚·巴扎罗夫等人。造神派主张把马克思主义和宗教调和起来，使科学社会主义带有宗教信仰的性质，鼓吹创立一种"无神的"新宗教，即"劳动宗教"。他们认为马克思主义的整个哲学就是宗教哲学，社会民主运动本身是"新的伟大的宗教力量"，无产者应成为"新宗教的代表"。马·高尔基也曾一度追随造神派。1909年6月召开的《无产者报》扩大编辑部会议谴责了造神说，指出它是一种背离马克思主义原理的思潮，声明布尔什维克派同这种对科学社会主义的歪曲毫无共同之处。列宁在《唯物主义和经验批判主义》一书以及1908年4月、1913年11—12月间给高尔基的信（见《列宁全集》第2版第18、45、46卷）中揭露了造神说的反马克思主义本质。

题是"私人的事情"。机会主义者把情况歪曲成似乎社会民主党认为宗教是私人的事情！

但是除了常见的机会主义歪曲（对于这种歪曲，我们的杜马党团在讨论有关宗教问题的发言时完全没有加以说明）而外，还有一些特殊的历史条件使欧洲的社会民主党人对宗教问题采取了目前这种可以说是过分冷漠的态度。这些条件分两种：第一，反宗教的斗争是革命资产阶级的历史任务，在西欧，资产阶级民主派在他们自己的革命时代，或者说在他们自己冲击封建制度和中世纪制度的时代已经在相当大的程度上完成了（或着手完成）这个任务。无论在法国或德国都有资产阶级反宗教斗争的传统，这个斗争在社会主义运动以前很久就开始了（百科全书派、费尔巴哈）。在俄国，由于我国资产阶级民主革命的条件，这个任务几乎完全落到了工人阶级的肩上。同欧洲比较起来，我国小资产阶级的（民粹主义的）民主派在这方面做的事情并不是（像《路标》①中的那些新出现的黑帮

---

① 《路标》是俄国立宪民主党政论家的文集，1909年在莫斯科出版，收有尼亚·别尔嘉耶夫、谢·尼·布尔加柯夫、米·奥·格尔申宗、亚·索·伊兹哥耶夫、波·亚·基斯嘉科夫斯基、彼·伯·司徒卢威和谢·路·弗兰克等人的论述俄国知识分子的文章。在这些文章里，路标派妄图诋毁俄国解放运动的革命民主主义传统，贬低维·格·别林斯基、尼·亚·杜勃罗留波夫、尼·加·车尔尼雪夫斯基、德·伊·皮萨列夫等人的观点和活动。他们诬蔑1905年的革命运动，感谢沙皇政府"用自己的刺刀和牢狱"把资产阶级"从人民的狂暴中"拯救了出来。列宁在《论〈路标〉》文中对立宪民主党黑帮分子的这一文集作了批判分析和政治评价（见《列宁全集》第2版第19卷，第167—176页）。列宁把《路标》文集的纲领在哲学方面和政论方面同黑帮报纸《莫斯科新闻》的纲领相比拟，称该文集为自由派叛变行为的百科全书，是泼向民主派的一大股反动污水。

立宪民主党人①或立宪民主党人黑帮所想的那样）太多了，而是太少了。

另一方面，资产阶级反宗教斗争的传统在欧洲已造成了无政府主义对于这一斗争所作的纯粹资产阶级的歪曲，而无政府主义者，正如马克思主义者早已屡次说明的，虽然非常"猛烈地"攻击资产阶级，但是他们还是站在资产阶级世界观的立场上。罗曼语各国②的无政府主义者和布朗基主义者，德国的莫斯特（附带说一句，他曾经是杜林的门生）之流，奥地利80年代的无政府主义者，在反宗教斗争中使革命的空谈达到登峰造极的地步。难怪现在欧洲社会民主党人要矫枉过正，把无政府主义者弄弯了的棍子弄直。这是可以理解的，在某种程度上说是理所当然的，但是我们俄国社会民主党人要是忘记西欧的特殊历史条件，那是不行的。

---

① 立宪民主党人是俄国自由主义君主派资产阶级的主要政党立宪民主党的成员。立宪民主党（正式名称为人民自由党）于1905年10月成立。中央委员中多数是资产阶级知识分子、地方自治人士和自由派地主。主要活动家有帕·尼·米留可夫、谢·安·穆罗姆采夫、瓦·阿·马克拉柯夫、安·伊·盛加略夫、彼·伯·司徒卢威、约·弗·盖森等。立宪民主党提出一条与革命道路相对抗的和平的宪政发展道路，主张俄国实行立宪君主制和资产阶级的自由。在土地问题上，它主张将国家、皇室、皇族和寺院的土地分给无地和少地的农民；私有土地部分地转让，并且按"公平"价格给予补偿，解决土地问题的土地委员会由同等数量的地主和农民组成，并由官员充当他们之间的调解人。1906年春，它曾同政府进行参加内阁的秘密谈判，后来在国家杜马中自命为"负责任的反对派"。第一次世界大战期间，它支持沙皇政府的掠夺政策，曾向十月党等反动政党组成"进步同盟"，要求成立责任内阁，即为资产阶级和地主所信任的政府，力图阻止革命并把战争进行到最后胜利。二月革命后，立宪民主党在资产阶级临时政府中居于领导地位，竭力阻挠土地问题、民族问题等基本问题的解决，并奉行继续帝国主义战争的政策。七月事变后，它支持科尔尼洛夫叛乱，阴谋建立军事独裁。十月革命胜利后，苏维埃政府于1917年11月28日（12月11日）宣布立宪民主党为"人民公敌的党"。该党随之转入地下，继续进行反革命活动，并参与自卫将军的武装叛乱。国内战争结束后，该党上层分子大多数逃亡国外。1921年5月，该党在巴黎召开代表大会时分裂，作为统一的党不复存在。
② 指法国、西班牙、意大利等西南欧国家。

第二，在西欧，自从民族资产阶级革命结束以后，自从实现了比较完全的信教自由以后，反宗教的民主斗争问题在历史上已被资产阶级民主派反社会主义的斗争排挤到次要的地位，所以资产阶级政府往往故意对教权主义举行假自由主义的"讨伐"，转移群众对社会主义的注意力。德国的文化斗争以及法国资产阶级共和派的反教权主义斗争，都带有这种性质。资产阶级的反教权主义运动，是转移工人群众对社会主义的注意力的手段，——这就是目前西欧社会民主党人对反宗教斗争普遍采取"冷漠"态度的根源。这同样是可以理解的，也是理所当然的，因为社会民主党人的确应该使反宗教斗争服从争取社会主义的斗争，以对抗资产阶级和俾斯麦分子的反教权主义运动。

俄国的情况就完全不同了。无产阶级是我国资产阶级民主革命的领袖。无产阶级政党应当成为反对一切中世纪制度的斗争的思想领袖，这一斗争还包括反对陈腐的、官方的宗教，反对任何革新宗教、重新建立或用另一种方式建立宗教的尝试等等。因此，如果说当德国社会民主党人把工人政党要求国家宣布宗教为私人的事情的主张偷换成宣布宗教对社会民主党人和社会民主党本身来说也是私人的事情时，恩格斯纠正这种机会主义的方式还比较温和，那么俄国机会主义者仿效德国人的这种歪曲，就应该受到恩格斯严厉一百倍的斥责。

我们的党团在杜马讲坛上声明宗教是人民的鸦片，这样做是完全正确的，这就开创了一个先例，俄国社会民主党人每次对宗教问题发表意见时都应当以此为基点。是不是还应该更进一步，把无神论的结论发挥得更详细呢？我们认为不必。这样做会使无产阶级政党有夸大反宗教斗争意义的危险；这样做会抹杀资产阶级反宗教斗争同社会党人反宗教斗争之间的界限。社会民主党党团在黑帮杜马中应该完成的第一件事情，已经光荣地完成了。

第二件事情，也许是社会民主党人最重要的事情，就是说明教会和僧侣支持黑帮政府、支持资产阶级反对工人阶级的阶级作用，这一任务也光荣地完成了。当然，关于这个问题还可以说得很多，今后社会民主党人谈这个问题还会对苏尔科夫同志的发言作补充，但是这篇发言毕竟是很出色的，我们党的直接任务就是要各级党组织广泛宣传这篇发言。

第三件事情，就是要十分详尽地说明经常被德国机会主义者歪曲的"宣布宗教为私人的事情"这一原理的正确含义。遗憾的是苏尔科夫同志没有这样做。尤其令人遗憾的是，在党团过去的活动中，别洛乌索夫同志在这个问题上犯过错误（已被《无产者报》[1]及时指出）[2]。党团内的讨论情况表明，党团

_____

① 《无产者报》是俄国布尔什维克的秘密报纸，于1906年8月21日（9月3日）—1909年11月28日（12月11日）出版，共出了50号。该报由列宁主编，在不同时期参加编辑部的有亚·亚·波格丹诺夫、约·彼·戈尔登贝格、约·费–杜勃洛文斯基等。《无产者报》的头20号是在维堡排版送纸型到彼得堡印刷的，为保密起见，报上印的是在莫斯科出版。由于秘密报刊出版困难，从第21号起移至国外出版（第21—40号在日内瓦，第41—50号在巴黎出版）。《无产者报》是作为俄国社会民主工党莫斯科委员会和彼得堡委员会的机关报出版的，在头20号中有些号还同时作为莫斯科郊区委员会、彼尔姆委员会、库尔斯克委员会和喀山委员会的机关报出版，但它实际上是布尔什维克的中央机关报。该报共发表了100多篇列宁的文章和短评。《无产者报》第46号附刊上发表了1909年6月在巴黎举行的《无产者报》扩大编辑部会议的文件。在斯托雷平反动时期，《无产者报》在保存和巩固布尔什维克组织方面起了卓越的作用。根据1910年1月俄国社会民主工党中央委员会全体会议决议，《无产者报》停刊。

② 指捷·奥·别洛乌索夫1908年3月22日（4月4日）在第三届国家杜马讨论正教院预算案时提出的转入下一议程的动议。他在动议中承认宗教是"每个个人的私事"。1908年4月2日（15日）《无产者报》第28号的社论中曾指出别洛乌索夫的措辞是错误的。

争论无神论问题，却没有正确说明宣布宗教为私人的事情这一著名的要求。我们不会把整个党团所犯的这个错误都推在苏尔科夫同志一个人身上。不仅如此。我们公开承认这是全党的过错，因为我们党对这个问题解释不够，没有让社会民主党人充分认识到恩格斯批评德国机会主义者的意思。党团内的讨论情况证明，这正是由于对问题了解得不清楚，而决不是不愿意考虑马克思的学说，所以我们深信，党团在以后发言时一定会纠正这一错误。

我们再说一遍，总的说来，苏尔科夫同志的发言是很出色的，各级党组织应当广泛加以宣传。党团对这篇发言的讨论，证明党团在兢兢业业地履行它的社会民主党的职责。不过我们希望报道党团内部讨论情况的通讯能更经常地在党的报刊上发表，使党团同党的关系更加密切，使党能了解党团所进行的艰巨的工作，使党和党团的活动在思想上趋于一致。

载于1909年5月13日（26日）《无产者报》第45号

译自《列宁全集》俄文第5版第17卷
第415—426页

附录（三）

路德维希·费尔巴哈和
德国古典哲学的终结

一

我们面前的这部著作①使我们返回到一个时期，这个时期就时间来说离我们不过一代之久，但是它对德国现在的一代人却如此陌生，似乎已经相隔整整一个世纪了。然而这终究是德国准备1848年革命的时期；那以后我国所发生的一切，仅仅是1848年的继续，仅仅是革命遗嘱的执行罢了。

正像在18世纪的法国一样，在19世纪的德国，哲学革命也作了政治变革的前导。但是这两个哲学革命看起来是多么不同啊！法国人同整个官方科学，同教会，常常也同国家进行公开的斗争；他们的著作在国外，在荷兰或英国印刷，而他们本人则随时都可能进巴士底狱②。相反，德国人是一些教授，一些由国家任命的青年的导师，他们的著作是公认的教科书，而全

---

① 哲学博士卡·尼·施达克：《路德维希·费尔巴哈》，1885年斯图加特斐·恩克出版社版。
② 巴士底狱是14—18世纪巴黎的城堡和国家监狱。从16世纪起，主要用来囚禁政治犯。

部发展的最终体系，即黑格尔的体系，甚至在某种程度上已经被推崇为普鲁士王国的国家哲学！在这些教授后面，在他们的迂腐晦涩的言词后面，在他们的笨拙枯燥的语句里面竟能隐藏着革命吗？那时被认为是革命代表人物的自由派，不正是最激烈地反对这种使人头脑混乱的哲学吗？但是，不论政府或自由派都没有看到的东西，至少有一个人在1833年已经看到了，这个人就是亨利希·海涅。①

举个例子来说吧。不论哪一个哲学命题都没有像黑格尔的一个著名命题那样引起近视的政府的感激和同样近视的自由派的愤怒，这个命题就是：

"凡是现实的都是合乎理性的，凡是合乎理性的都是现实的。"②

这显然是把现存的一切神圣化，是在哲学上替专制制度、警察国家、专断司法、书报检查制度祝福。弗里德里希—威廉三世是这样认为的，他的臣民也是这样认为的。但是，在黑格尔看来，决不是一切现存的都无条件地也是现实的。在他看来，现实性这种属性仅仅属于那同时是必然的东西；

"现实性在其展开过程中表明为必然性"；

所以，他决不认为政府的任何一个措施——黑格尔本人举

---

① 指海涅在其著作《论德国宗教和哲学的历史》中关于德国哲学革命的言论。这部著作发表于1833—1834年，是对德国精神生活中所发生事件的评论。海涅的评论贯穿了这样的思想：当时由黑格尔哲学总其成的德国哲学革命，是德国即将到来的民主革命的序幕。
② 恩格斯在这里套用了黑格尔《法哲学原理》序言中的话。——编者注

"某种税制"为例——都已经无条件地是现实的。[①]但是必然的东西归根到底会表明自己也是合乎理性的。因此，黑格尔的这个命题应用于当时的普鲁士国家，只是意味着：这个国家只在它是必然的时候是合乎理性的，是同理性相符合的。如果说它在我们看来终究是恶劣的，而它尽管恶劣却继续存在，那么，政府的恶劣可以从臣民的相应的恶劣中找到理由和解释。当时的普鲁士人有他们所应得的政府。

但是，根据黑格尔的意见，现实性决不是某种社会状态或政治状态在一切环境和一切时代所具有的属性。恰恰相反，罗马共和国是现实的，但是把它排斥掉的罗马帝国也是现实的。法国的君主制在1789年已经变得如此不现实，即如此丧失了任何必然性，如此不合理性，以致必须由大革命（黑格尔总是极其热情地谈论这次大革命）来把它消灭。所以，在这里，君主制是不现实的，革命是现实的。这样，在发展进程中，以前一切现实的东西都会成为不现实的，都会丧失自己的必然性、自己存在的权利、自己的合理性；一种新的、富有生命力的现实的东西就会代替正在衰亡的现实的东西——如果旧的东西足够理智，不加抵抗即行死亡，那就和平地代替；如果旧的东西抗拒这种必然性，那就通过暴力来代替。这样一来，黑格尔的这个命题，由于黑格尔的辩证法本身，就转化为自己的反面：凡在人类历史领域中是现实的，随着时间的推移，都会成为不合理性的，就是说，注定是不合理性的，一开始就包含着不合理

---

① 参看黑格尔：《哲学全书纲要》第1部《逻辑学》第147节；第142节附释。该书第一版于1817年在海德堡出版。

性；凡在人们头脑中是合乎理性的，都注定要成为现实的，不管它同现存的、表面的现实多么矛盾。按照黑格尔的思维方法的一切规则，凡是现实的都是合乎理性的这个命题，就变为另一个命题：凡是现存的，都一定要灭亡。[①]

但是，黑格尔哲学（我们在这里只限于考察这种作为从康德以来的整个运动的完成的哲学）的真实意义和革命性质，正是在于它彻底否定了关于人的思维和行动的一切结果具有最终性质的看法。哲学所应当认识的真理，在黑格尔看来，不再是一堆现成的、一经发现就只要熟读死记的教条了；现在，真理是在认识过程本身中，在科学的长期的历史发展中，而科学从认识的较低阶段向越来越高的阶段上升，但是永远不能通过所谓绝对真理的发现而达到这样一点，在这一点上它再也不能前进一步，除了袖手一旁惊愕地望着这个已经获得的绝对真理，就再也无事可做了。在哲学认识的领域是如此，在任何其他的认识领域以及在实践行动的领域也是如此。历史同认识一样，永远不会在人类的一种完美的理想状态中最终结束；完美的社会、完美的"国家"是只有在幻想中才能存在的东西；相反，一切依次更替的历史状态都只是人类社会由低级到高级的无穷发展进程中的暂时阶段。每一个阶段都是必然的，因此，对它发生的那个时代和那些条件说来，都有它存在的理由；但是对它自己内部逐渐发展起来的新的、更高的条件来说，它就变成过时的和没有存在的理由了；它不得不让位于更高的阶段，而

---

① 这里套用了歌德：《浮士德》第1部第3场《书斋》中靡菲斯特斐勒司的话。——编者注

这个更高的阶段也要走向衰落和灭亡。正如资产阶级依靠大工业、竞争和世界市场在实践中推翻了一切稳固的、历来受人尊崇的制度一样，这种辩证哲学推翻了一切关于最终的绝对真理和与之相应的绝对的人类状态的观念。在它面前，不存在任何最终的东西、绝对的东西、神圣的东西；它指出所有一切事物的暂时性；在它面前，除了生成和灭亡的不断过程、无止境地由低级上升到高级的不断过程，什么都不存在。它本身就是这个过程在思维着的头脑中的反映。诚然，它也有保守的方面：它承认认识和社会的一定阶段对它那个时代和那种环境来说都有存在的理由，但也不过如此而已。这种观察方法的保守性是相对的，它的革命性质是绝对的——这就是辩证哲学所承认的唯一绝对的东西。

我们在这里用不着去研究这种观察方法是否同自然科学的现状完全符合的问题，自然科学预言了地球本身存在的可能的末日和它适合居住状况的相当肯定的末日，从而承认，人类历史不仅有上升的过程，而且有下降的过程。无论如何，我们离社会历史开始下降的转折点还相当遥远，我们也不能要求黑格尔哲学去研究当时还根本没有被自然科学提到日程上来的问题。

但是这里确实必须指出一点：黑格尔并没有这样清楚地作出如上的阐述。这是他的方法必然要得出的结论，但是他本人从来没有这样明确地作出这个结论。原因很简单，因为他不得不去建立一个体系，而按照传统的要求，哲学体系是一定要以某种绝对真理来完成的。所以，黑格尔，特别是在《逻辑学》

中，尽管如此强调这种永恒真理不过是逻辑的或历史的过程本身，他还是觉得自己不得不给这个过程一个终点，因为他总得在某个地方结束他的体系。在《逻辑学》中，他可以再把这个终点作为起点，因为在这里，终点即绝对观念——它所以是绝对的，只是因为他关于这个观念绝对说不出什么来——"外化"也就是转化为自然界，然后在精神中，即在思维中和在历史中，再返回到自身。但是，要在全部哲学的终点上这样返回到起点，只有一条路可走。这就是把历史的终点设想成人类达到对这个绝对观念的认识，并宣布对绝对观念的这种认识已经在黑格尔的哲学中达到了。但是这样一来，黑格尔体系的全部教条内容就被宣布为绝对真理，这同他那消除一切教条东西的辩证方法是矛盾的；这样一来，革命的方面就被过分茂密的保守的方面所窒息。在哲学的认识上是这样，在历史的实践上也是这样。人类既然通过黑格尔这个人想出了绝对观念，那么在实践上也一定达到了能够在现实中实现这个绝对观念的地步。因此，绝对观念对同时代人的实践的政治的要求不可提得太高。因此，我们在《法哲学》的结尾发现，绝对观念应当在弗里德里希-威廉三世向他的臣民再三许诺而又不予兑现的那种等级君主制中得到实现，就是说，应当在有产阶级那种适应于当时德国小资产阶级关系的、有限的和温和的间接统治中得到实现；在这里还用思辨的方法向我们论证了贵族的必要性。

可见，单是体系的内部需要就足以说明，为什么彻底革命的思维方法竟产生了极其温和的政治结论。这个结论的特殊形式当然是由下列情况造成的：黑格尔是一个德国人，而且和他的同时代人歌德一样，拖着一根庸人的辫子。歌德和黑格尔在各自的领域中都是奥林波斯山上的宙斯，但是两人都没有完全摆脱德国庸人的习气。

但是，这一切并没有妨碍黑格尔的体系包括了以前任何体系所不可比拟的广大领域，而且没有妨碍它在这一领域中阐发了现在还令人惊奇的丰富思想。精神现象学（也可以叫做同精神胚胎学和精神古生物学类似的学问，是对个人意识各个发展阶段的阐述，这些阶段可以看做人类意识在历史上所经过的各个阶段的缩影）、逻辑学、自然哲学、精神哲学，而精神哲学又分成各个历史部门来研究，如历史哲学、法哲学、宗教哲学、哲学史、美学等等——在所有这些不同的历史领域中，黑格尔都力求找出并指明贯穿这些领域的发展线索；同时，因为他不仅是一个富于创造性的天才，而且是一个百科全书式的学识渊博的人物，所以他在各个领域中都起了划时代的作用。当然，由于"体系"的需要，他在这里常常不得不求救于强制性的结构，对这些结构，直到现在他的渺小的敌人还发出如此可怕的喊叫。但是这些结构仅仅是他的建筑物的骨架和脚手架；人们只要不是无谓地停留在它们面前，而是深入到大厦里面去，那就会发现无数的珍宝，这些珍宝就是在今天也还保持着充分的价值。在一切哲学家那里，正是"体系"是暂时性的东西，这恰恰因为"体系"产生于人类精神的永恒的需要，即克服一切矛盾的需要。但是，假定一切矛盾都一下子永远消除了，那么我们就达到了所谓绝对真理，世界历史就完结了，而世界历史虽然已经无事可做，却一定要继续发展下去——因而这是一个新的、不可解决的矛盾。一旦我们认识到（就获得这种认识来说，归根到底没有一个人比黑格尔本人对我们的帮助更大），这样给哲学提出的任务，无非就是要求一个哲学家完成那只有全人类在其前进的发展中才能完成的事情，那么以往那种意义上的全部哲学也就完结了。我们把沿着这个途径达不到而且任何单个人都无法达到的"绝对真理"撇在一边，而沿着实证科学和利用辩证思维对这些科学成果进行概括的途径去追求可以达到的相对真理。总之，哲学在黑格尔那里完成了，一方面，因为他在自己的体系中以最宏伟的方式概括了哲学的全部发展；另一方面，因为他（虽然是不自觉地）给我们指出了一条走出这些体系的迷宫而达到真正地切实地认识世界的道路。

可以理解，黑格尔的体系在德国的富有哲学味道的气氛中曾发生了多么巨大的影响。这是一次胜利进军，它延续了几十年，而且决没有随着黑格尔的逝世而停止。相反，"黑格尔主义"正是从1830年到1840年，取得了独占的统治，它甚至或多或少地感染了自己的敌手；正是在这个时期，黑格尔的观点自觉地或不自觉地大量渗入了各种科学，也渗透了通俗读物和日报，而普通的"有教养的意识"就是从这些通俗读物和日报中汲取自己的思想材料的。但是，这一全线胜利仅仅是一种内部斗争的序幕罢了。

黑格尔的整个学说，如我们所看到的，为容纳各种极不相同的实践的党派观点留下了广阔场所；而在当时的理论的德国，有实践意义的首先是两种东西：宗教和政治。特别重视黑格尔的体系的人，在两个领域中都可能是相当保守的；认为辩证方法是主要的东西的人，在政治上和宗教上都可能属于最极端的反对派。黑格尔本人，虽然在他的著作中相当频繁地爆发出革命的怒火，但是总的说来似乎更倾向于保守的方面；他在体系上所花费的"艰苦的思维劳动"倒比他在方法上所花费的要多得多。到30年代末，他的学派内的分裂越来越明显了。左翼，即所谓青年黑格尔派，在反对虔诚派的正统教徒和封建反动派的斗争中一点一点地放弃了在哲学上对当前的紧迫问题所采取的超然态度，由于这种态度，他们的学说在此之前曾经得到国家的容忍，甚至保护；到了1840年，正统教派的虔诚和封建专制的反动随着弗里德里希-威廉四世登上了王座，这时人们就不可避免地要公开站在这一派或那一派方面了。斗争依旧是用哲学的武器进行的，但已经不再是为了抽象的哲学目的；问题已经直接是要消灭传统的宗教和现存的国家了。如果说在《德国年鉴》中实践的最终目的主要还是穿着哲学的外衣出场，那么，在1842年的《莱茵报》①上青年黑格尔学派已经直接作为努力向上的激进资产阶级的哲学出现，只是为了迷惑书报检查机关才用哲学伪装起来。

但是，政治在当时是一个荆棘丛生的领域，所以主要的斗争就转为反宗教的斗争；这一斗争，特别是从1840年起，间接

———————

① 指《莱茵政治、商业和工业日报》，该报是德国的一家日报，青年黑格尔派的喉舌，1842年1月1日—1843年3月31日在科隆出版。该报由莱茵省一些反对普鲁士专制政体的资产阶级人士创办，曾吸收了几个青年黑格尔分子撰稿。1842年4月马克思开始为该报撰稿，同年10月起成为该报编辑部成员。《莱茵报》也发表过许多恩格斯的文章。在马克思担任编辑期间，该报的革命民主主义性质日益明显，政府对该报进行了特别严格的检查，1843年4月1日将其查封。

地也是政治斗争。1835年出版的施特劳斯的《耶稣传》成了第一个推动力。后来，布鲁诺·鲍威尔反对该书中所阐述的福音神话发生说，证明许多福音故事都是作者自己虚构的。两人之间的争论是在"自我意识"对"实体"的斗争这一哲学幌子下进行的。神奇的福音故事是在宗教团体内部通过不自觉的、传统的创作神话的途径形成的呢，还是福音书作者自己虚构的——这个问题竟扩展为这样一个问题：在世界历史中起决定作用的力量是"实体"呢，还是"自我意识"；最后，出现了施蒂纳，现代无政府主义的先知（巴枯宁从他那里抄袭了许多东西），他用他的至上的"唯一者"①压倒了至上的"自我意识"。

我们不打算更详细地考察黑格尔学派解体过程的这一方面。在我们看来，更重要的是：对现存宗教进行斗争的实践需要，把大批最坚决的青年黑格尔分子推回到英国和法国的唯物主义。他们在这里跟自己的学派的体系发生了冲突。唯物主义把自然界看做唯一现实的东西，而在黑格尔的体系中自然界只是绝对观念的"外化"，可以说是这个观念的下降；无论如何，思维及其思想产物即观念在这里是本原的，而自然界是派生的，只是由于观念的下降才存在。他们就在这个矛盾中彷徨，尽管程度各不相同。

这时，费尔巴哈的《基督教的本质》出版了。它直截了当地使唯物主义重新登上王座，这就一下子消除了这个矛盾。自

---

① 指麦·施蒂纳：《唯一者及其所有物》1845年莱比锡版。——编者注

然界是不依赖任何哲学而存在的；它是我们人类（本身就是自然界的产物）赖以生长的基础；在自然界和人以外不存在任何东西，我们的宗教幻想所创造出来的那些最高存在物只是我们自己的本质的虚幻反映。魔法被破除了；"体系"被炸开并被抛在一旁了，矛盾既然仅仅是存在于想象之中，也就解决了。——这部书的解放作用，只有亲身体验过的人才能想象得到。那时大家都很兴奋：我们一时都成为费尔巴哈派了。马克思曾经怎样热烈地欢迎这种新观点，而这种新观点又是如何强烈地影响了他（尽管还有种种批判性的保留意见），这可以从《神圣家族》中看出来。

甚至这部书的缺点也加强了它的一时的影响。美文学的、有时甚至是夸张的笔调赢得了广大的读者，无论如何，在抽象而费解的黑格尔主义的长期统治以后，使人们的耳目为之一新。对于爱的过度崇拜也是这样。这种崇拜，尽管不能认为有道理，在"纯粹思维"的已经变得不能容忍的至高统治下也是情有可原的。但是我们不应当忘记，从1844年起在德国的"有教养的"人们中间像瘟疫一样传播开来的"真正的社会主义"①，正是同费尔巴哈的这两个弱点紧密相连的。它以美文

---

① "真正的社会主义"是从1844年起在德国小资产阶级知识分子中间传播的一种反动学说，其代表人物有卡·格律恩、莫·赫斯和海·克利盖等人。"真正的社会主义者"崇拜爱和抽象的人性，拒绝进行政治活动和争取民主的斗争。他们把假社会主义思想同沙文主义、市侩行为和政治上的怯懦结合起来，否认在德国进行资产阶级民主革命的必要性。在19世纪40年代的德国，这种学说成了不断发展的工人运动的障碍，不利于实现当时的主要任务，即团结民主力量进行反对专制制度和封建秩序的斗争，同时在进行革命的阶级斗争的基础上形成独立的无产阶级运动。马克思和恩格斯在1846—1847年对"真正的社会主义"进行了不懈的批判（参看《德意志意识形态》、《反克利盖的通告》、《诗歌和散文中的德国社会主义》、《真正的社会主义者》和《共产党宣言》等）。

学的词句代替了科学的认识，主张靠"爱"来实现人类的解放，而不主张用经济上改革生产的办法来实现无产阶级的解放，一句话，它沉溺在令人厌恶的美文学和泛爱的空谈中了。它的典型代表就是卡尔·格律恩先生。

还有一点不应当忘记：黑格尔学派虽然解体了，但是黑格尔哲学并没有被批判地克服。施特劳斯和鲍威尔各自抓住黑格尔哲学的一个方面，在论战中互相攻击。费尔巴哈打破了黑格尔的体系，简单地把它抛在一旁。但是简单地宣布一种哲学是错误的，还制服不了这种哲学。像对民族的精神发展有过如此巨大影响的黑格尔哲学这样的伟大创作，是不能用干脆置之不理的办法来消除的。必须从它的本来意义上"扬弃"它，就是说，要批判地消灭它的形式，但是要救出通过这个形式获得的新内容。下面可以看到，这一任务是怎样实现的。

但是这时，1848年的革命毫不客气地把全部哲学都撇在一旁，正如费尔巴哈把他的黑格尔撇在一旁一样。这样一来，费尔巴哈本人也被挤到后台去了。

A Contribution to the Critique of Hegel's Philosophy of Right Introduction

Written: December 1843-January 1844;

First published: in Deutsch-Französische Jahrbücher, 7 & 10 February 1844 in Paris;

Transcription: the source and date of transcription is unknown. It was proofed and corrected by Andy Blunden, February 2005, and corrected by Matthew Carmody in 2009.

For Germany, the criticism of religion has been essentially completed, and the criticism of religion is the prerequisite of all criticism.

The profane existence of error is compromised as soon as its heavenly oratio pro aris et focis ["speech for the altars and hearths," i.e., for God and country] has been refuted. Man, who has found only the reflection of himself in the fantastic reality of heaven, where he sought a superman, will no longer feel disposed to find the mere appearance of himself, the non-man [Unmensch], where he seeks and must seek his true reality.

The foundation of irreligious criticism is: Man makes religion, religion does not make man. Religion is, indeed, the self-consciousness and self-esteem of man who has either not yet won through to himself, or has already lost himself again. But man is no abstract being squatting outside the world. Man is the world of man – state, society. This state and this society produce religion, which is an inverted consciousness of the world, because they are an inverted world. Religion is the general theory of this world, its encyclopaedic compendium, its logic in popular form, its spiritual point d'honneur, its enthusiasm, its moral sanction, its solemn complement, and its universal basis of consolation and justification. It is the fantastic realization of the human essence since the human essence has not acquired any true reality. The struggle against religion is, therefore, indirectly the struggle against that world whose spiritual aroma is religion.

Religious suffering is, at one and the same time, the expression of real suffering and a protest against real suffering. Religion is the sigh of the oppressed creature, the heart of a heartless world, and the soul of soulless conditions. It is the opium of the people.

The abolition of religion as the illusory happiness of the people is the demand for their real happiness. To call on them to give up their illusions about their condition is to call on them to give up a condition that requires illusions. The criticism of religion is, therefore, in embryo, the criticism of that vale of tears of which religion is the halo.

Criticism has plucked the imaginary flowers on the chain not in order that man shall continue to bear that chain without fantasy or consolation, but so that he shall throw off the chain and pluck the living flower. The criticism of religion disillusions man, so that he will think, act, and fashion his reality like a man who has discarded his illusions and regained his senses, so that he will move around himself as his own true Sun. Religion is only the illusory Sun which revolves around man as long as he does not revolve around himself.

It is, therefore, the task of history, once the other-world of truth has vanished, to establish the truth of this world. It is the immediate task of philosophy, which is in the service of history, to unmask self-estrangement in its unholy forms once the holy form of human self-estrangement has been unmasked. Thus, the criticism of Heaven turns into the criticism of Earth, the criticism of religion into the criticism of law, and the criticism of theology into the criticism of politics.

The following exposition [a full-scale critical study of Hegel's Philosophy of Right was supposed to follow this introduction] – a contribution to this undertaking – concerns itself not directly with the original but with a copy, with the German philosophy of the state and of law. The only reason for this is that it is concerned with Germany.

If we were to begin with the German status quo itself, the result – even if we were to do it in the only appropriate way, i.e., negatively – would still be an anachronism. Even the negation of our present political situation is a dusty fact in the historical junk room of modern nations. If I negate powdered pigtails, I am still left with unpowdered pigtails. If I negate the situation in Germany in 1843, then according to the French calendar I have barely reached 1789, much less the vital centre of our present age.

Indeed, German history prides itself on having travelled a road which no other nation in the whole of history has ever travelled before, or ever will again. We have shared the restorations of modern nations without ever having shared their revolutions. We have been restored, firstly, because other nations dared to make revolutions, and, secondly, because other nations suffered counter-revolutions; on the one hand, because our masters were afraid, and, on the other, because they were not afraid. With our shepherds to the fore, we only once kept company with freedom, on the day of its internment.

One school of thought that legitimizes the infamy of today with the infamy of yesterday, a school that stigmatizes every cry of the serf against the knout as mere rebelliousness once the knout has aged a little and acquired a hereditary significance and a history, a school to which history shows nothing but its a posteriori, as did the God of Israel to his servant Moses, the historical school of law – this school would have invented German history were it not itself an invention of that history. A Shylock, but a cringing Shylock, that swears by its bond, its historical bond, its Christian-Germanic bond, for every pound of flesh cut from the heart of the people.

Good-natured enthusiasts, Germanomaniacs by extraction and free-thinkers by reflexion, on the contrary, seek our history of freedom beyond our history in the ancient Teutonic forests. But, what difference is there between the history of our freedom and the history of the boar's freedom if it can be found only in the forests? Besides, it is common knowledge that the forest echoes back what you shout into it. So peace to the ancient Teutonic forests!

War on the German state of affairs! By all means! They are below the level of history, they are beneath any criticism, but they are still an object of criticism like the criminal who is below the level of humanity but still an object for the executioner. In the struggle against that state of affairs, criticism is no passion of the head, it is the head of passion. It is not a lancet, it is a weapon. Its object is its enemy, which it wants not to refute but to exterminate. For the spirit of that state of affairs is refuted. In itself, it is no object worthy of thought, it is an existence which is as despicable as it is despised. Criticism does not need to make things clear to itself as regards this object, for it has already settled accounts with it. It no longer assumes the quality of an end-in-itself, but only of a means. Its essential pathos is indignation, its essential work is denunciation.

It is a case of describing the dull reciprocal pressure of all social spheres one on another, a general inactive ill-humor, a limitedness which recognizes itself as much as it mistakes itself, within the frame of government system which, living on the preservation of all wretchedness, is itself nothing but wretchedness in office.

What a sight! This infinitely proceeding division of society into the most manifold races opposed to one another by petty antipathies, uneasy consciences, and brutal mediocrity, and which, precisely because of their reciprocal ambiguous and distrustful attitude, are all, without exception although with various formalities, treated by their rulers as conceded existences. And they must recognize and acknowledge as a concession of heaven the very fact that they are mastered, ruled, possessed! And, on the other side, are the rulers themselves, whose greatness is in inverse proportion to their number!

Criticism dealing with this content is criticism in a hand-to-hand fight, and in such a fight the point is not whether the opponent is a noble, equal, interesting opponent, the point is to strike him. The point is not to let the Germans have a minute for self-deception and resignation. The actual pressure must be made more pressing by adding to it consciousness of pressure, the shame must be made more shameful by publicizing it. Every sphere of German society must be shown as the partie honteuse of German society: these petrified relations must be forced to dance by singing their own tune to them! The people must be taught to be terrified at itself in order to give it courage. This will be fulfilling an imperative need of the German nation, and the needs of the nations are in themselves the ultimate reason for their satisfaction.

This struggle against the limited content of the German status quo cannot be without interest even for the modern nations, for the German status quo is the open completion of the ancien régime and the ancien régime is the concealed deficiency of the modern state. The struggle against the German political present is the struggle against the past of the modern nations, and they are still burdened with reminders of that past. It is instructive for them to see the ancien régime, which has been through its tragedy with them, playing its comedy as a German revenant. Tragic indeed was the pre-existing power of the world, and freedom, on the other hand, was a personal notion; in short, as long as it believed and had to believe in its own justification. As long as the ancien régime, as an existing world order, struggled against a world that was only coming into being, there was on its side a historical error, not a personal one. That is why its downfall was tragic.

On the other hand, the present German regime, an anachronism, a flagrant contradiction of generally recognized axioms, the nothingness of the ancien régime exhibited to the world, only imagines that it believes in itself and demands that the world should imagine the same thing. If it believed in its own essence, would it try to hide that essence under the semblance of an alien essence and seek refuge in hypocrisy and sophism? The modern ancien régime is rather only the comedian of a world order whose true heroes are dead. History is thorough and goes through many phases when carrying an old form to the grave. The last phases of a world-historical form is its comedy. The gods of Greece, already tragically wounded to death in Aeschylus's tragedy Prometheus Bound, had to re-die a comic death in Lucian's Dialogues. Why this course of history? So that humanity should part with its past cheerfully. This cheerful historical destiny is what we vindicate for the political authorities of Germany.

Meanwhile, once modern politico-social reality itself is subjected to criticism, once criticism rises to truly human problems, it finds itself outside the German status quo, or else it would reach out for its object below its object. An example. The relation of industry, of the world of wealth generally, to the political world is one of the major problems of modern times. In what form is this problem beginning to engage the attention of the Germans? In the form of protective duties, of the prohibitive system, of national economy. Germanomania has passed out of man into matter, and thus one morning our cotton barons and iron heroes saw themselves turned into patriots. People are, therefore, beginning in Germany to acknowledge the sovereignty of monopoly on the inside through lending it sovereignty on the outside. People are, therefore, now about to begin, in Germany, what people in France and England are about to end. The old corrupt condition against which these countries are revolting in theory, and which they only bear as one bears chains, is greeted in Germany as the dawn of a beautiful future which still hardly dares to pass from crafty theory to the most ruthless practice. Whereas the problem in France and England is: Political economy, or the rule of society over wealth; in Germany, it is: National economy, or the mastery of private property over nationality. In France and England, then, it is a case of abolishing monopoly that has proceeded to its last consequences; in Germany, it is a case of proceeding to the last consequences of monopoly. There it is a case of solution, here as yet a case of collision. This is an adequate example of the German form of modern problems, an example of how our history, like a clumsy recruit, still has to do extra drill on things that are old and hackneyed in history.

If, therefore, the whole German development did not exceed the German political development, a German could at the most have the share in the problems-of-the-present that a Russian has. But, when the separate individual is not bound by the limitations of the nation, the nation as a whole is still less liberated by the

214

liberation of one individual. The fact that Greece had a Scythian among its philosophers did not help the Scythians to make a single step towards Greek culture. [An allusion to Anacharsis.]

Luckily, we Germans are not Scythians.

As the ancient peoples went through their pre-history in imagination, in mythology, so we Germans have gone through our post-history in thought, in philosophy. We are philosophical contemporaries of the present without being its historical contemporaries. German philosophy is the ideal prolongation of German history. If therefore, instead of the oeuvres incompletes of our real history, we criticize the oeuvres posthumes of our ideal history, philosophy, our criticism is in the midst of the questions of which the present says: that is the question. What, in progressive nations, is a practical break with modern state conditions, is, in Germany, where even those conditions do not yet exist, at first a critical break with the philosophical reflexion of those conditions.

German philosophy of right and state is the only German history which is al pari ["on a level"] with the official modern present. The German nation must therefore join this, its dream-history, to its present conditions and subject to criticism not only these existing conditions, but at the same time their abstract continuation. Its future cannot be limited either to the immediate negation of its real conditions of state and right, or to the immediate implementation of its ideal state and right conditions, for it has the immediate negation of its real conditions in its ideal conditions, and it has almost outlived the immediate implementation of its ideal conditions in the contemplation of neighboring nations. Hence, it is with good reason that the practical political party in Germany demands the negation of philosophy.

It is wrong, not in its demand but in stopping at the demand, which it neither seriously implements nor can implement. It believes that it implements that negation by turning its back to philosophy and its head away from it and muttering a few trite and angry phrases about it. Owing to the limitation of its outlook, it does not include philosophy in the circle of German reality or it even fancies it is beneath German practice and the theories that serve it. You demand that real life embryos be made the starting-point, but you forget that the real life embryo of the German nation has grown so far only inside its cranium. In a word – You cannot abolish [aufheben] philosophy without making it a reality.

The same mistake, but with the factors reversed, was made by the theoretical party originating from philosophy.

In the present struggle it saw only the critical struggle of philosophy against the German world; it did not give a thought to the fact that philosophy up to the present itself belongs to this world and is its completion, although an ideal one. Critical towards its counterpart, it was uncritical towards itself when, proceeding from the premises of philosophy, it either stopped at the results given by philosophy or passed off demands and results from somewhere else as immediate demands and results of philosophy – although these, provided they are justified, can be obtained only by the negation of philosophy up to the present, of philosophy as such. We reserve ourselves the right to a more detailed description of this section: It thought it could make philosophy a reality without abolishing [aufzuheben] it.

The criticism of the German philosophy of state and right, which attained its most consistent, richest, and last formulation through Hegel, is both a critical analysis of the modern state and of the reality connected with it, and the resolute negation of the whole manner of the German consciousness in politics and right as practiced hereto, the most distinguished, most universal expression of which, raised to the level of science, is the speculative philosophy of right itself. If the speculative philosophy of right, that abstract extravagant thinking on the modern state, the reality of which remains a thing of the beyond, if only beyond the Rhine, was possible only in Germany, inversely the German thought-image of the modern state which makes abstraction of real man was possible only because and insofar as the modern state itself makes abstraction of real man, or satisfies the whole of man only in imagination. In politics, the Germans thought what other nations did. Germany was their theoretical conscience. The abstraction and presumption of its thought was always in step with the one-sidedness and lowliness of its reality. If, therefore, the status quo of German statehood expresses the completion of the ancien régime, the completion of the thorn in the flesh of the modern state, the status quo of German state science expresses the incompletion of the modern state, the defectiveness of its flesh itself.

Already as the resolute opponent of the previous form of German political consciousness the criticism of speculative philosophy of right strays, not into itself, but into problems which there is only one means of solving – practice.

It is asked: can Germany attain a practice à la hauteur des principes – i.e., a revolution which will raise it not only to the official level of modern nations, but to the height of humanity which will be the near future of those nations?

The weapon of criticism cannot, of course, replace criticism of the weapon, material force must be overthrown by material force; but theory also becomes a material force as soon as it has gripped the masses. Theory is capable of gripping the masses as soon as it demonstrates ad hominem, and it demonstrates ad hominem as soon as it becomes radical. To be radical is to grasp the root of the matter. But, for man, the root is man himself. The evident proof of the radicalism of German theory, and hence of its practical energy, is that is proceeds from a resolute positive abolition of religion. The criticism of religion ends with the teaching that man is the highest essence for man – hence, with the categoric imperative to overthrow all relations in which man is a debased, enslaved, abandoned, despicable essence, relations which cannot be better described than by the cry of a Frenchman when it was planned to introduce a tax on dogs: Poor dogs! They want to treat you as human beings!

Even historically, theoretical emancipation has specific practical significance for Germany. For Germany's revolutionary past is theoretical, it is the Reformation. As the revolution then began in the brain of the monk, so now it begins in the brain of the philosopher.

Luther, we grant, overcame bondage out of devotion by replacing it by bondage out of conviction. He shattered faith in authority because he restored the authority of faith. He turned priests into laymen because he turned laymen into priests. He freed man from outer religiosity because he made religiosity the inner man. He freed the body from chains because he enchained the heart.

But, if Protestantism was not the true solution of the problem, it was at least the true setting of it. It was no longer a case of the layman's struggle against the priest outside himself but of his struggle against his own priest inside himself, his priestly nature. And if the Protestant transformation of the German layman into priests emancipated the lay popes, the princes, with the whole of their priestly clique, the privileged and philistines, the philosophical transformation of priestly Germans into men will emancipate the people. But, secularization will not stop at the confiscation of church estates set in motion mainly by hypocritical Prussia any more than emancipation stops at princes. The Peasant War, the most radical fact of German history, came to grief because of theology. Today, when theology itself has come to grief, the most unfree fact of German history, our status quo, will be shattered against philosophy. On the eve of the Reformation, official Germany was the most unconditional slave of Rome. On the eve of its revolution, it is the unconditional slave of less than Rome, of Prussia and Austria, of country junkers and philistines.

Meanwhile, a major difficulty seems to stand in the way of a radical German revolution.

For revolutions require a passive element, a material basis. Theory is fulfilled in a people only insofar as it is the fulfilment of the needs of that people. But will the monstrous discrepancy between the demands of German thought and the answers of German reality find a corresponding discrepancy between civil society and the state, and between civil society and itself? Will the theoretical needs be immediate practical needs? It is not enough for thought to strive for realization, reality must itself strive towards thought.

But Germany did not rise to the intermediary stage of political emancipation at the same time as the modern nations. It has not yet reached in practice the stages which it has surpassed in theory. How can it do a somersault, not only over its own limitations, but at the same time over the limitations of the modern nations, over limitations which it must in reality feel and strive for as for emancipation from its real limitations? Only a revolution of radical needs can be a radical revolution and it seems that precisely the preconditions and ground for such needs are lacking.

If Germany has accompanied the development of the modern nations only with the abstract activity of thought without taking an effective share in the real struggle of that development, it has, on the other hand, shared the sufferings of that development, without sharing in its enjoyment, or its partial satisfaction. To the abstract activity on the one hand corresponds the abstract suffering on the other. That is why Germany will one day find itself on the level of European decadence before ever having been on the level of European emancipation. It will be comparable to a fetish worshipper pining away with the diseases of Christianity.

If we now consider the German governments, we find that because of the circumstances of the time, because of Germany's condition, because of the standpoint of German education, and, finally, under the impulse of its own fortunate instinct, they are driven to combine the civilized shortcomings of the modern state world, the advantages of which we do not enjoy, with the barbaric deficiencies of the ancien régime, which we enjoy in full; hence,

Germany must share more and more, if not in the reasonableness, at least in the unreasonableness of those state formations which are beyond the bounds of its status quo. Is there in the world, for example, a country which shares so naively in all the illusions of constitutional statehood without sharing in its realities as so-called constitutional Germany? And was it not perforce the notion of a German government to combine the tortures of censorship with the tortures of the French September laws [1835 anti-press laws] which provide for freedom of the press? As you could find the gods of all nations in the Roman Pantheon, so you will find in the Germans' Holy Roman Empire all the sins of all state forms. That this eclecticism will reach a so far unprecedented height is guaranteed in particular by the political-aesthetic gourmanderie of a German king [Frederick William IV] who intended to play all the roles of monarchy, whether feudal or democratic, if not in the person of the people, at least in his own person, and if not for the people, at least for himself. Germany, as the deficiency of the political present constituted a world of its own, will not be able to throw down the specific German limitations without throwing down the general limitation of the political present.

It is not the radical revolution, not the general human emancipation which is a utopian dream for Germany, but rather the partial, the merely political revolution, the revolution which leaves the pillars of the house standing. On what is a partial, a merely political revolution based? On part of civil society emancipating itself and attaining general domination; on a definite class, proceeding from its particular situation; undertaking the general emancipation of society. This class emancipates the whole of society, but only provided the whole of society is in the same situation as this class – e.g., possesses money and education or can acquire them at will.

No class of civil society can play this role without arousing a moment of enthusiasm in itself and in the masses, a moment in which it fraternizes and merges with society in general, becomes confused with it and is perceived and acknowledged as its general representative, a moment in which its claims and rights are truly the claims and rights of society itself, a moment in which it is truly the social head and the social heart. Only in the name of the general rights of society can a particular class vindicate for itself general domination. For the storming of this emancipatory position, and hence for the political exploitation of all sections of society in the interests of its own section, revolutionary energy and spiritual self-feeling alone are not sufficient. For the revolution of a nation, and the emancipation of a particular class of civil society to coincide, for one estate to be acknowledged as the estate of the whole society, all the defects of society must conversely be concentrated in another class, a particular estate must be the estate of the general stumbling-block, the incorporation of the general limitation, a particular social sphere must be recognized as the notorious crime of the whole of society, so that liberation from that sphere appears as general self-liberation. For one estate to be par excellence the estate of liberation, another estate must conversely be the obvious estate of oppression. The negative general significance of the French nobility and the French clergy determined the positive general significance of the nearest neighboring and opposed class of the bourgeoisie.

But no particular class in Germany has the constituency, the penetration, the courage, or the ruthlessness that could mark it out as the negative representative of society. No more has any estate the breadth of soul that identifies itself, even for a moment, with the soul of the nation, the geniality that inspires material might to political violence, or that revolutionary daring which flings at the adversary the defiant words: I am nothing but I must be everything. The main stem of German morals and honesty, of the classes as well as of individuals, is rather that modest egoism which asserts its limitedness and allows it to be asserted against itself. The relation of the various sections of German society is therefore not dramatic but epic. Each of them begins to be aware of itself and begins to camp beside the others with all its particular claims not as soon as it is oppressed, but as soon as the circumstances of the time, without the section's own participation, creates a social substratum on which it can in turn exert pressure. Even the moral self-feeling of the German middle class rests only on the consciousness that it is the common representative of the philistine mediocrity of all the other classes. It is therefore not only the German kings who accede to the throne mal à propos, it is every section of civil society which goes through a defeat before it celebrates victory and develops its own limitations before it overcomes the limitations facing it, asserts its narrow-hearted essence before it has been able to assert its magnanimous essence; thus the very opportunity of a great role has passed away before it is to hand, and every class, once it begins the struggle against the class opposed to it, is involved in the struggle against the class below it. Hence, the higher nobility is struggling against the monarchy, the bureaucrat against the nobility, and the bourgeois against them all, while the proletariat is already beginning to find itself struggling against the bourgeoisie. The middle class hardly dares to grasp the thought of emancipation from its own standpoint when the development of the social conditions and the progress of political theory already declare that standpoint antiquated or at least problematic.

In France, it is enough for somebody to be something for him to want to be everything; in Germany, nobody can be anything if he is not prepared to renounce everything. In France, partial emancipation is the basis of universal emancipation; in Germany, universal emancipation is the conditio sine qua non of any partial emancipation. In France, it is the reality of gradual liberation that must give birth to complete freedom, in Germany, the impossibility of gradual liberation. In France, every class of the nation is a political idealist and becomes aware of itself at first not as a particular class but as a representative of social requirements generally. The role of emancipator therefore passes in dramatic motion to the various classes of the French nation one after the other until it finally comes to the class which implements social freedom no longer with the provision of certain conditions lying outside man and yet created by human society, but rather organizes all conditions of human existence on the premises of social freedom. On the contrary, in Germany, where practical life is as spiritless as spiritual life is unpractical, no class in civil society has any need or capacity for general emancipation until it is forced by its immediate condition, by material necessity, by its very chains.

Where, then, is the positive possibility of a German emancipation?

Answer: In the formulation of a class with radical chains, a class of civil society which is not a class of civil society, an estate which is the dissolution of all estates, a sphere which has a universal character by its universal suffering and claims no particular right because no particular wrong, but wrong generally, is perpetuated against it; which can invoke no historical, but only human, title; which does not stand in any one-sided antithesis to the consequences but in all-round antithesis to the premises of

German statehood; a sphere, finally, which cannot emancipate itself without emancipating itself from all other spheres of society and thereby emancipating all other spheres of society, which, in a word, is the complete loss of man and hence can win itself only through the complete re-winning of man. This dissolution of society as a particular estate is the proletariat.

The proletariat is beginning to appear in Germany as a result of the rising industrial movement. For, it is not the naturally arising poor but the artificially impoverished, not the human masses mechanically oppressed by the gravity of society, but the masses resulting from the drastic dissolution of society, mainly of the middle estate, that form the proletariat, although, as is easily understood, the naturally arising poor and the Christian-Germanic serfs gradually join its ranks.

By heralding the dissolution of the hereto existing world order, the proletariat merely proclaims the secret of its own existence, for it is the factual dissolution of that world order. By demanding the negation of private property, the proletariat merely raises to the rank of a principle of society what society has raised to the rank of its principle, what is already incorporated in it as the negative result of society without its own participation. The proletarian then finds himself possessing the same right in regard to the world which is coming into being as the German king in regard to the world which has come into being when he calls the people his people, as he calls the horse his horse. By declaring the people his private property, the king merely proclaims that the owner of property is king.

As philosophy finds its material weapon in the proletariat, so the proletariat finds its spiritual weapon in philosophy. And once the lightning of thought has squarely struck this ingenuous soil of the people, the emancipation of the Germans into men will be accomplished.

Let us sum up the result:

The only liberation of Germany which is practically possible is liberation from the point of view of that theory which declares man to be the supreme being for man. Germany can emancipate itself from the Middle Ages only if it emancipates itself at the same time from the partial victories over the Middle Ages. In Germany, no form of bondage can be broken without breaking all forms of bondage. Germany, which is renowned for its thoroughness, cannot make a revolution unless it is a thorough one. The emancipation of the German is the emancipation of man. The head of this emancipation is philosophy, its heart the proletariat. Philosophy cannot realize itself without the transcendence [Aufhebung] of the proletariat, and the proletariat cannot transcend itself without the realization [Verwirklichung] of philosophy.

When all the inner conditions are met, the day of the German resurrection will be heralded by the crowing of the cock of Gaul.

后　记

在本书即将交稿之际，不由得让我想起十年前的往事。那时我还在清华大学读博，和北京大学的一名经济学博士生时常在课余时间一起到亦庄，也就是北京经济技术开发区，向当地的工厂工人们宣讲《资本论》。我们本以为自己能够像百年前的邓中夏等人那样，得到工人们的欢迎。但令我们始料未及的是，在我们还没有跟工人们宣讲《资本论》的时候，大家都还是无所不谈的好朋友，而经过我们几次宣讲之后，反而变得与我们隔膜起来，发展到最后甚至都不愿意跟我们说话聊天了。为什么会出现这种情况呢？可能与我们当时对马克思主义的狭隘理解有关。

还在读研期间，在二刷《资本论》时，便写了几万字的题目为《资本主义生产对剥削的五重掩盖》的读书报告。从题目可以看出，当时我们对马克思主义的理解重点放在了对资本主义剥削秘密的揭示上。而我们愈是耐心细致地向工人们宣讲《资本论》，就愈像是鲁迅在铁屋子里徒劳地叫醒那些沉睡的人一样。工人们在未曾接触《资本论》时，或许他们也能隐约感到自己的劳动受到了剥削，但那又能怎样。至少那时他们还有梦想，梦想着辛辛苦苦打几年工，勤俭节约多攒点钱，待有了一定的本金，就可以回老家开个小店，做个小买卖，过上小业主的生活，摆脱资本的剥削。但《资本论》却告诉他们，资本对劳动的剥削就像以太一样，就像那普照的光，只要是在商品生产的社会里，在人世间的劳动根本不可能逃脱资本的剥削。而这种剥削制度又设计得是如此巧妙，它像是一个隐形的铁笼，在让人无处逃遁的同时还让人难以察觉。比如：在绝对剩余价值生产之外还有相对剩余价值的生产，于是单纯地为提高工资缩短工时的斗争也不过是促进资本把剥削重点放在了相对剩余价值的生产上。而因为剩余价值的生产还需要资本的循环，这便导致了单个资本的周转速度不同，但因为竞争的作用，等量资本又能获得等量利润，于是那些几乎不用工人的企业或者虽然用但工人的劳动很少参与生产的企业却也能够从全社会的其他工人的生产劳动成果中分得一杯羹（也就是著名的葡萄酒问题）。另外，还由于资本的有机构成不同，即那些技术构成较高决定了其价值构成也较高的生产企业便能够从技术构成和价值构成都较低的企业里对自己所雇佣工人的劳动中同样分得一杯羹（也就是工人不只是受直接雇主的剥削，还受那些跟自己没有雇佣关系的雇主的剥削），这便是平均利润率在起作用。然后还有利息和地租对利润的分割，利息获得者和地租获得者，即便与工人不打一点交道，即便在时间和空间上与工人是隔离的，也可以轻易地从全社会生产的剩余价值中取得属于他们的那一份。因此，在这样的一个社会生产制度下，只要是个劳动者，决计是不可能不把自己的一部分劳动成果分给财产占有者的。于是，我们的宣讲在这方面用力越多，工人们的幻想余地也就越少。随着宣讲的深入，气氛便越来越尴尬，士气也越来越低落，大家也只有不欢而散了。而那些组织工人们来参加活动的志愿者还认为是我们打消了工人参加活动的积极性，而我们也就变成了不受欢迎的人。最后，这场工学结合的尝试便不了了之。

以上的这段经历给了我深刻的挫败感，它迫使我去认真思考一个问题：我们宣讲《资本论》的方式到底错在哪里？为什么被称为工人阶级圣经的《资本论》，工人们却不愿意听我们拿着它去布道。直到我再次阅读马克思的《〈黑格尔法哲学批判〉导言》后，才恍然大悟，原来是我们误读了《资本论》，错在了仅仅把马克思主义理解为对资本主义剥削秘密的揭示，而忘记了马克思主义对另一个更为隐秘也更为重要的秘密的揭示：即无产阶级的存在秘密。对无产阶级存在秘密的揭示，这便是马克思的《〈黑格尔法哲学批判〉导言》主旨，因此也便能理解了，无论是哪个年代哪个版本的《马克思恩格斯选集》都把这篇文章作为开篇之作了。

无产阶级存在的秘密，不能仅仅通过对资本主义剥削秘密的揭示来阐明。如果简单地把资本主义理解为剥削，那么无产阶级也就只能理解为被剥削的客体了。因此，资本主义制度虽然以剥削为基础，但它不仅仅是剥削。除了资本对劳动的剥削，还有财产对劳动的统治。而资本主义社会不同以往剥削社会的地方就在于，它第一次没有把剥削建立在统治权之上，更为准确一点的说法是它不是通过对剩余产品的直接占有而占有剩余劳动的（统治权而非财产权是剥削的首要条件），而是通过了剩余价值这个中间环节（财产权可以不基于统治权而实现剥削，因而出现了跨国资本这种可以不依赖统治权便能实现对剩余价值的榨取方式，这在以前的历史时代是不可想象的）。资本对剩余价值的占有，完全是以纯经济方式也就是通过财产占有权而实现的，这与奴隶主对奴隶劳动的占有，和封建主对农奴劳动产品的占有直接基于政治统治权有天壤之别，对于奴隶制度和封建制度而言，财产权和统治权在某种程度上是合二为一的，财产权可以被看作统治权的附属物。财产权和统治权的分离使得剥削只能以剩余价值的形式实现（这种分离便是国家和市民社会的分离），而这便使得无产阶级不再仅仅是被剥削的客体，同时还是使全社会得以实现解放的积极因素。而后者这一点便是马克思在《〈黑格尔法哲学批判〉导言》中所宣称的无产阶级存在的秘密就是宣告了现代社会的解放之路。[①]正是因为这一点，马克思在这里便把国家与市民社会的关系引入了进来，也就是把政治统治权和财产占有权之间的关系引入了进来。在马克思看来，无产阶级的存在本身就是对财产占有权的否定，既然统治权不再基于剥削，或者说剥削不能再依赖于统治权，那么剥削所能依赖的只剩下了财产权，于是对财产占有权的否定便能够彻底实现劳动的解放，也就是彻底消灭剥削，正是在这个意义上，马克思认为资本主义是人类社会的最后一个剥削制度。于是，马克思主义的另一面，也就是关于无产阶级的政治主动和历史使命便开始浮现了出来。其实在《资本论》中，马克思也并没有重点放在对资本主义剥削秘密的揭示上，比如在资本主义积累的一般规律中，马克思也指出了一极是财富的积累，一极是贫困的积累，资本主义的丧钟就要敲响了，剥夺者就要被剥夺了，以及重建个人所有制，等等。只能怪自己当时对马克思主义的理解过于偏颇，于是便误读了《资本论》，还闹出了比班门弄斧还要可笑的笑话。

掩卷长思，回想起第一次读到"哲学把无产阶级当做自己的物质武器，同样，无产阶级也把哲学当做自己的精神武器"时引起的思想混

---

① 马克思的原话是"无产阶级宣告迄今为止的世界制度的解体，只不过是揭示自己本身的存在的秘密，因为它就是这个世界制度的实际解体。无产阶级要求否定私有财产，只不过是把社会已经提升为无产阶级的原则的东西，把未经无产阶级的协助就已作为社会的否定结果而体现在它身上的东西提升为社会的原则"。

乱。马克思终其一生明明是把政治经济学而不是哲学作为精神武器锻造给了无产阶级，而这里为什么说的是无产阶级把哲学作为精神武器呢？但经过上述分析，实际上这两者并不矛盾，剩余价值理论实际上并不能仅仅看作一个经济学上的理论，它的主要目的并不是揭露资本主义剥削的秘密，而是揭示了无产阶级存在的秘密。我们看一下恩格斯是如何理解剩余价值理论的，"以往的社会主义固然批判了现存的资本主义生产方式及其后果，但是，它不能说明这个生产方式，因而也就制服不了这个生产方式；它只能简单地把它当作坏东西抛弃掉。它越是激烈地反对同这种生产方式密不可分的对工人阶级的剥削，就越是不能明白指出，这种剥削是怎么回事，它是怎样产生的。但是，问题在于：一方面应当说明资本主义生产方式的历史联系和它在一定历史时期存在的必然性，从而说明它灭亡的必然性，另一方面应当揭露这种生产方式的一直还隐蔽着的内在性质。这已经由于剩余价值的发现而完成了"。对资本主义生产方式一直还隐蔽着的内在性质的揭示，才是剩余价值发现的意义所在，而这就跟马克思在《〈黑格尔法哲学批判〉导言》里的发现相呼应了，即这种生产方式"形成一个被戴上彻底的锁链的阶级，一个并非市民社会阶级的市民社会阶级，形成一个表明一切等级解体的等级，形成一个由于自己遭受苦难而具有普遍性质的领域，……形成一个若不从其他一切社会领域解放出来从而解放其他一切社会领域就不能解放自己的领域，总之，形成这样一个领域，它表明人的完全丧失，并因而只有通过人的完全恢复才能恢复自身。社会解体的这个结果，就是无产阶级这个特殊等级"。对这"五个形成"的揭示才是马克思主义题中应有之义，或者说，对这"五个形成"的理解才是对马克思主义理解的核心要义。

在一定意义上，《〈黑格尔法哲学批判〉导言》既是马克思和恩格斯《马克思恩格斯选集》《马克思恩格斯文集》开篇之作，同时也是马克思主义的开篇之作。《〈黑格尔法哲学批判〉导言》与马克思在同一时间段完成的《论犹太人问题》一道，共同扬起了马克思主义这条航行百年大船的风帆。这条大船的航行路径大致可归结如下：通过对宗教批判，马克思开始深入到了对国家、政治和法的批判中。宗教的去政治化是现代国家的基础，或者说在现代国家，宗教信仰成了私人的事情，不再具有政治意义。这样一方面宗教也就得到了自己的完全发展（马克思以美国为例），而另一方面，国家也就逐渐地呈现出自己的真正立足点——市民社会。既然国家的本质在市民社会中，而非像黑格尔所宣称的国家是市民社会的本质，那么就只有对市民社会加以剖析才能认识国家的本质。但是什么才是解剖市民社会的手术刀呢？马克思从政治经济学那里获得了启发。因为作为对财产权的彻底否定物——无产阶级，其产生的来源只能从市民社会中或者说从经济根源中去寻找，这也是无产阶级不同于历史上其他被剥削阶级的产生之法（奴隶和农奴大多来自军事政治上征服，对他们的剥削都是由超经济的强制方式来实现的，或者说对他们的经济剥削依赖于政治统治，因而国家不只是阶级统治工具，同时还是阶级剥削工具）。既然只有通过政治经济学才能实现对市民社会的彻底解剖，那么马克思也就顺理成章地把自己的毕生精力放在了对资产阶级社会（这是市民社会的另一种译法）的研究上，从而以两大发现（唯物史观和剩余价值理论）为工具实现了对两大秘密（无产阶级存在和资本主义剥削）的科学揭示。